Hans Stolp
Einsamkeit

Hans Stolp

# Einsamkeit

## Niemand ist jemals allein

Aquamarin Verlag

Deutsche Originalausgabe
1. Auflage 2020

Voglherd 1 • D-85567 Grafing

Übersetzung aus dem Holländischen: Andrea Fischer

Umschlaggestaltung: Annette Wagner unter Verwendung von:
Lunatictm/1258944661 – shutterstock.com

Druck: CPI • Birkach

ISBN 978-3-89427-864-9

# Inhalt

Allein. So kalt. Als würde dir niemals mehr warm werden. Allein in der Nacht, allein mit verlorenen Träumen. Allein mit all dieser Unruhe in deiner Seele, mit Emotionen, die dir die Kehle zuschnüren – Sie haben das Sagen über dich anstelle du über sie ...

Du spürst: Es gibt nur den einen Weg – und zwar nach vorn, getreu dem Motto: „Augen zu und durch." Gut gemeinte Ratschläge in der Art wie: „Du brauchst nur zu denken, du bist nicht der Einzige, der sich einsam fühlt", sind keine Hilfe. Sie verdeutlichen lediglich, dass nur derjenige es begreift, der auch selbst durch die tiefste Einsamkeit hindurchgegangen ist.

Jeden Tag für sich leben. Das ist schon schwer genug. Denn jeder Tag hat genug eigene Finsternis. Lass' die Zukunft offen – sie liegt außer Reichweite hinter dem Horizont verborgen.

Allein. Stille, die dich umhüllt. Du kannst versuchen, ihr zu entrinnen, indem du dich in deine Arbeit stürzt. Das hilft niemals wirklich, denn es bedeutet lediglich einen Fristaufschub. Die Stille will gehört und erhört werden.

Denn nur dann wirst du entdecken, dass die Stille spricht. Zu dir. Und dann, wenn du endlich beginnst, ihre Sprache zu verstehen, enthüllt sich in deiner Seele ein höheres, tieferes Wissen. Ein Wissen, größer

als alles, wozu das Denken imstande ist,
ein Wissen, das Aussicht bietet auf eine Welt,
die größer ist als die irdische Wirklichkeit.

Nimm' die Einsamkeit an, lausche in die
Stille und spüre, wie lebendige Kräfte der
Liebe beginnen, dich zu umhüllen und zu wärmen.
Kräfte der Liebe, die die ganze Zeit nur darauf gewartet
hatten, dass du ihrer gewahr wurdest,
damit sie dich umhüllen durften.

Nimm' die Einsamkeit an, lausche in die
Stille und lebe von der lebendigen Liebe, die dich
unsichtbar umhüllt. Achte auf die Antworten auf all
deine Fragen, die nun in deinem Herzen aufkommen
und begreife: „Ich habe die Einsamkeit
als meinen Feind betrachtet,
doch nun erkenne ich,
wie sie für mich zum Segen geworden ist."

Dieses Buch widme ich in tiefer Dankbarkeit

**Harm Wagenmakers,**

der Liebe meines Lebens und meinem Mann.
(28. Juni 1947 – 24. Dezember 2018)

Du umhülltest mich mit deiner Liebe.
Dein Vertrauen in mich hat mich tief berührt.
Deine Inspiration verlieh mir Flügel.

Nun erfahre ich deine Liebe auf eine andere Weise:
Du legst Worte in mein Herz.
Und wenn wir nun auch voneinander getrennt sind,
spüre ich dich dennoch so nahe bei mir.

So bleiben wir auch jetzt noch in Liebe
miteinander verbunden –
unsere Seelen sprechen miteinander,
unsere Herzen bleiben einander zugetan.

# Zum Geleit

Immer mehr Menschen fühlen sich einsam. Für sie ist Einsamkeit keine Theorie und kein Begriff wie jeder andere, sondern die Umschreibung für die schmerzerfüllte Stimmung, in der sie sich tagtäglich befinden. Von Einsamkeit wird es einem kalt – man fühlt sich ausgekühlt bis in die Knochen hinein, so dass man das Gefühl hat, niemals wieder warm werden zu können. Viele erleben ihre Einsamkeit als beklemmendes, einengendes Gefühl, so dass sie ihr am liebsten entrinnen oder sie ganz tief verdrängen möchten, beispielsweise mit Alkohol. Doch wenn das gelingt, kommen sie im späteren Leben immer wieder zu der Erkenntnis, dass die unterdrückte, kalte Einsamkeit in den unerwartetsten Momenten wieder hochkommt – so lange bis sie lernen, ihre Einsamkeit endlich ernst zu nehmen und nicht mehr vor ihr zu flüchten. Dann – endlich – erkennen sie: Es gibt keinen anderen Weg, als durch die Einsamkeit hindurch zu gehen. Ich möchte Ihnen mit diesem Buch dabei helfen.

Auf die unterschiedlichste Art und Weise dringt die Wahrnehmung der Einsamkeit, die viele in unserer heutigen Zeit empfinden, bis ins öffentliche Leben durch. In manchen Kommunen wurden bereits spezielle Beauftragte, nämlich so genannte „Einsamkeitsmanager" und „Einsamkeits-Coaches", eingestellt. Im Internet kann man alle möglichen „Tipps gegen Einsamkeit" finden. Es wird sogar schon „Technologie gegen Einsamkeit" angeboten. Andere organisieren Mahlzeiten für einsame Menschen: „Couscous gegen die Einsamkeit." Eine andere Organisation, die die Einsamkeit bekämpfen möchte, verkauft Tickets für „Festessen gegen die Einsamkeit". Alles in allem wird deutlich, dass Einsamkeit eine Erfahrung geworden ist, die viele Menschen kennen und die immer öfter auf Beachtung stößt. Wenn Sie einmal innehalten und in aller Ruhe über all das nachdenken, stellt sich automatisch die Frage: „Was steckt denn nun eigentlich hinter dieser auffälligen Entwicklung? Warum nimmt die Einsamkeit in unserer heutigen Zeit offensichtlich so auffällig zu?"

Auch in der Literatur stoßen wir immer öfter auf das Thema Einsamkeit. Die bekannte amerikanische Romanschriftstellerin Danielle Steel legt einer ihrer Romanfiguren, einem philosophisch angehauchten Arzt, folgende Worte in den Mund: „Unsere Mitmenschen verstehen sich darauf, uns im Stich zu lassen. Unsere Liebsten sterben, Partner laufen davon. Wir werden gleich mit Entlassung bestraft, auch wenn wir gar nichts falsch gemacht haben. Menschen, die einander lieben, verletzen einander immer wieder, auch wenn dies das Letzte ist, was sie möchten. Das Leben ist schmerzhaft, und es gibt keinerlei Garantien im Leben."[1]

Immer öfter stoßen wir in der aktuellen Literatur auf Aussagen wie diese, die darauf hinweisen, dass viele Menschen in der heutigen Zeit durch alle möglichen Ereignisse und Erfahrungen auf sich selbst zurückgeworfen und infolgedessen mit einem Gefühl von Einsamkeit konfrontiert werden.

Einsamkeit tritt in vielen Formen und Varianten auf. Doch wenn wir uns mit der tieferen, intensiven Einsamkeit befassen, wird deutlich, dass diese äußerst heftig sein kann. Regelmäßig erhalte ich E-Mails von Menschen, welche die einsame Stimmung beschreiben, in der sie sich gerade befinden. So formulierte es jemand folgendermaßen: „Ich komme nicht aus meiner eigenen Dunkelheit heraus. Ich scheine ringsherum von Mauern eingeschlossen zu sein, und habe das Gefühl, dass ich nichts mehr wert bin!" Eine andere Leserin schrieb: „Ich bin jemand, die sich gewaltig bemüht, ihr Bestes zu geben, viel weint und sich wahnsinnig einsam fühlt. Ich glaube nicht, dass mein Umfeld noch Freude an mir haben kann."

Das also macht Einsamkeit (unter anderem) mit uns: Sie beraubt uns unseres Selbstvertrauens und unseres Selbstwertgefühls. Dabei wird nahezu die gesamte Aufmerksamkeit des jämmerlich einsamen Menschen auf diese Einsamkeit und die Frage gerichtet, wie er diese überleben kann. Sich in einen anderen hineinzuversetzen, gelingt ihm daher nahezu nicht mehr. Dadurch kann die Einsamkeit einen Menschen ungewollt ziemlich egozentrisch machen.

Manche Menschen, die sich intensiv mit dem Problem der Einsamkeit beschäftigt haben, überlegen: „Wäre es möglich, dass es die Herausforderung unserer Zeit ist, diese Einsamkeit endlich ernst zu nehmen, weil wir nur dann lernen, den tieferen Sinn dieses irdischen Lebens zu ergründen und zu verstehen?" Es ist natürlich schon ein schockierender Gedanke, dass unsere Einsamkeit einen tieferen Sinn haben könnte ...

Doch wie kommen jene Menschen eigentlich auf diesen Gedanken? Sie kommen aufgrund folgender Erfahrung darauf: „Wenn unsere Einsamkeit uns Schmerzen bereitet und wir sie nicht mehr verdrängen, sondern ernst nehmen, tauchen automatisch alle möglichen Fragen in uns auf. Fragen wie: „Was ist der Sinn des Lebens, wenn es uns scheinbar nur noch Schmerzen bereitet und einsam macht? Warum überfällt diese beklemmende Einsamkeit ausgerechnet mich und nicht andere? Wie halte ich diese Einsamkeit aus, und wie kann ich sie überwinden?" Beim Durchleben der Einsamkeit und der Suche nach Antworten auf die Fragen, die sie quälen, kann in ihnen – so sagen sie – eine höhere Erkenntnis erwachen.

Manche Menschen stellen fest, dass sie mit all ihren Fragen auf sich allein zurückgeworfen waren und auf ihrer Suche nach Antworten zu entdecken begannen, dass die Einsamkeit ihnen letztendlich auch etwas geschenkt hatte – nämlich die Ahnung, dass es vielleicht doch eine höhere Wirklichkeit gibt. Daher, so sagt Renée Zeylmans, sind Einsamkeit und Leid vielleicht ein wichtiger Weg, auf dem wir uns dieser höheren Wirklichkeit bewusst werden können.[2]

Doch Renée Zeylmans erklärt auch: „Mein Leben ist von mehreren Formen von Einsamkeit gezeichnet. Nun, da ich den größten Teil meines Lebens hinter mir habe, kann ich auch erst darüber schreiben."[3]

Das ist eine Feststellung, die ich auch von mir kenne. Einblick in die Einsamkeit zu nehmen und auf sinnvolle Weise lernen, damit umzugehen, ist, so betrachtet, eine Frage von Lebensweisheit und Lebenserfahrung.

Die Frage, die bei den eben erwähnten Überlegungen aufkommt, lautet: „Sollte es wirklich möglich sein, dass die tiefe Einsamkeit, die viele als dunklen Schatten erleben, der über ihr Leben fällt, nicht völlig sinnlos ist, sondern für uns auch zum Geschenk werden kann?" Clark E. Moustakas stellt fest, dass er dadurch, dass er seine Einsamkeit akzeptierte, begann, das Leben und die Natur tiefer und intensiver zu erfahren als jemals zuvor. Er schreibt: „Durch die Erkenntnis meiner eigenen fundamentalen Einsamkeit sah ich das Leben und die Natur in schillernderer Weise, als ich diese jemals zuvor erlebt hatte."[4] Das heißt: Er begann, das Wesen der Natur zu entdecken, das hinter der äußeren Wirklichkeit verborgen liegt.

Wer Einblick in die verschiedenen Aspekte erhalten möchte, die mit dem Thema Einsamkeit verbunden sind, sieht sich mit verschiedenen Fragen konfrontiert:

- Welche Menschen fühlen sich eigentlich einsam?
- Was ist Einsamkeit?
- Warum nimmt die Einsamkeit derzeit so offensichtlich zu?
- Kann die Tatsache, dass wir unter Einsamkeit leiden, uns wirklich einen geistigen Gewinn bescheren?
- Ist es möglich, einen Weg zu finden, um aus dem Würgegriff der Einsamkeit wieder herauszukommen? Ist so etwas wie „Heilung" möglich?

Diese sowie viele andere Fragen rund um dieses Thema möchten wir gern in diesem Buch Schritt für Schritt durchdenken – in der Hoffnung, dass wachsende Erkenntnis uns helfen kann, auf sinnvolle Weise mit der eigenen Einsamkeit umzugehen. Dann nämlich – und das ist es, was ich von ganzem Herzen hoffe – werden wir vielleicht erfahren, wie Erkenntnis uns zum Trost wird.

# 1.

# Die tödlichste Epidemie unserer Zeit

## Einsamkeit wird zum Problem

Die Niederlande sind das vierteinsamste Land Europas, wie die niederländische Nachrichtenseite nu.nl vor Kurzem festgestellt hat.[5] Auf den ersten drei Plätzen dieser Liste stehen Italien, Frankreich und Mazedonien. Der Grad der Einsamkeit wurde anhand einer Reihe von Menschen gemessen, die im Rahmen dieser Studie angaben, dass sie sich einsam fühlten. In den Niederlanden liegt dieser Prozentsatz bei rund 30%. Darüber hinaus war ein Parameter der Messung auch die Anzahl der Ein-Personen-Haushalte. In den Niederlanden sind es 2,9 Millionen. Es ist davon auszugehen, dass diese Zahl in den kommenden Jahren weiter steigen wird.

Nicht nur in den Niederlanden bringt man dem wachsenden Problem der Einsamkeit (viel) mehr Aufmerksamkeit entgegen als früher. Auch in anderen Ländern nimmt die Sensibilität für dieses Thema zu. So nahm Theresa May, die englische Premierministerin (die durch die Brexit-Affäre bekannt geworden ist), im Januar 2018 eine „Ministerin gegen die Einsamkeit" in ihr Kabinett auf. Das war eine Weltpremiere – so etwas hatte es bislang noch nicht gegeben. May stellte fest, dass bereits von einer Einsamkeits-Epidemie gesprochen wird: Mehr als neun Millionen Briten hatten bei einer Umfrage angegeben, dass sie sich regelmäßig einsam fühlen. „Dieses Land kennt viel zu viele Menschen, die sich einsam fühlen", sagte Theresa May anlässlich ihrer Ansprache zur Ernennung der neuen Ministerin gegen Einsamkeit.[6]

Übrigens ist es auffällig, dass laut verschiedenen Studien die meisten Menschen, die sich einsam fühlen, in der Altersklasse der jungen Menschen zwischen 16 und 24 Jahren zu finden sind – folglich also nicht, wie eher erwartet, in der Gruppe der älteren Menschen. Das sticht deshalb ins Auge, weil beinahe jeder, sobald das Wort Einsamkeit fällt, sogleich an alte und (hoch-) betagte Menschen denkt. Doch dies stimmt offenkundig nicht mit der Realität überein. Die Studien verdeutlichen damit auch, dass Einsamkeit ein Problem ist, das aller Wahrscheinlichkeit nach in Zukunft nur noch größer werden wird: Wenn sich junge Menschen in ihrer Jugend schon einsam fühlen – wie sollen sie sich dann erst in ihrem späteren Leben fühlen?

Doch welche Aufgaben hat die englische Ministerin gegen Einsamkeit, Tracey Crouch, eigentlich? Sie erhielt den Auftrag, Programme gegen Einsamkeit zu entwickeln. Im Staatshaushalt wurden dafür Finanzmittel zur Verfügung gestellt. In Zusammenarbeit mit einer Kommission – sie ist damit also nicht allein – konzentriert sie sich vor allem auf die Bekämpfung von Einsamkeit in Risikogruppen. Dazu gehören etwa junge Menschen, Flüchtlinge, Senioren und junge Eltern. Ihre erste Priorität ist dabei die Suche nach der besten Strategie, um dieses Problem anzugehen.

Auch in Deutschland werden Stimmen laut, die dafür plädieren, die Verantwortung für den Kampf gegen die Einsamkeit direkt unter ministerielle Aufsicht zu stellen. Dieser Kampf wird nicht einfach sein, denn – so heißt es – die zunehmende Einsamkeit hat auch mit der Tatsache zu tun, dass wir gegenwärtig immer weiter von unseren Familien entfernt wohnen und zudem die Distanz zwischen Wohnung und Arbeitsplatz immer größer wird. Dadurch haben viele Menschen weniger Kontakt mit ihren Nachbarn und den Mitbürgern in ihrem Dorf oder in ihrer Stadt.

In den Niederlanden fühlen sich – so haben Forschungsstudien ergeben – rund eine Million Menschen ausgesprochen einsam (also nicht ab und zu, nicht ein bisschen, sondern permanent). Auffällig an dieser Studie ist auch, dass 43% der Jugendlichen angaben, sich mit großer Regelmäßigkeit einsam zu fühlen. In der Vergangenheit wurde (in den Niederlanden) die „Woche gegen Einsamkeit" eingeführt – Anfang Oktober 2018 fand sie zum neunten Mal statt. Die Woche wurde von Königin Maxima eröffnet.

## Eine moderne Plage

Einsamkeit wird auch als „eine der Plagen der modernen Zeit" bezeichnet – ein Hinweis auf die *zehn Plagen* in Ägypten, von welchen in der Bibel die Rede ist.[7] Diese Andeutung scheint gerechtfertigt zu sein: So wurde im Jahr 2013 in Rotterdam eine Frau in ihrer Wohnung gefunden, die bereits seit zehn Jahren tot war. Sie hatte weder Familie noch Freunde, und niemand hatte sie in all den Jahren vermisst. Die Nachbarn waren entsetzt – keiner von ihnen hatte jemals auch nur das Geringste bemerkt oder gerochen. Die Nachbarin sagte: „Es bleibt ein bizarrer Gedanke, dass sie dort zehn Jahre lang lag. Sie war nur zwei Steinreihen breit von meinen beiden Kindern entfernt, die all die Jahre auf der anderen Seite der Mauer schliefen."[8] Der Seniorenbeauftragte sagte anlässlich dieses Ereignisses: „Geschichten wie diese wird man in Zukunft häufiger hören."[9]

In einer britischen Studie wurde festgestellt, dass Einsamkeit ebenso schädlich ist wie das Rauchen von fünfzehn Zigaretten pro Tag. Einsame Menschen haben erwiesenermaßen ein um 30% höheres Herzinfarkt-Risiko, und das Risiko eines vorzeitigen Todes beläuft sich bei Menschen, die sich einsam fühlen, auf 26%. Außerdem wurde wissenschaftlich nachgewiesen, dass Einsamkeit gefährlicher ist als Übergewicht.[10]

Merkwürdigerweise ist Einsamkeit auch ein Tabu: Viele Menschen schämen sich dafür und wagen es nicht, darüber zu sprechen. Sie haben das Gefühl, dass sie irgendwie selbst schuld daran sind. Es gibt aber auch Menschen, die ihnen das suggerieren. Sie sagen beispielsweise: „Dann musst du eben etwas mehr Initiative ergreifen, Mitglied in dem einen oder anderen Verein oder ehrenamtlich tätig werden." In diesem Buch werden wir erkennen, wie unangemessen solche Kommentare sind. Bemerkungen wie diese machen es logischerweise nur noch schwerer, sich zu dem Gefühl von Einsamkeit zu bekennen und dieses zu überwinden.

Eine Studie der Universität von York in England hat ergeben: „Einsamkeit entwickelt sich gerade zur tödlichsten Epidemie in unserer Gesellschaft."[11] Diese Schlussfolgerung hat weitreichende Konsequenzen. Wenn das stimmt – und wenn ich alles in allem betrachte, denke ich, dass es stimmt – werden wir in den nächsten Jahren vor der Frage stehen, wie wir in unserem Leben so mit der

Einsamkeit umgehen können, dass wir ihr nicht zum Opfer fallen, sondern im Gegenteil einen inneren, geistigen Profit aus ihr ziehen. Das Faszinierende daran ist, dass nicht wenige Menschen, die ihre Einsamkeit erfolgreich überwunden haben, feststellten, dass sie letztendlich dadurch bereichert wurden.

Die oben angeführten Fakten machen meiner Meinung nach deutlich, wie wichtig es ist, über das Thema Einsamkeit nachzudenken und Einblick in die verschiedenen Aspekte dieser Problematik zu bekommen.

# 2.

# Was genau ist denn Einsamkeit?

## Verschiedene Formen von Einsamkeit

Wenn man versucht, den Begriff Einsamkeit zu umschreiben und treffende Formulierungen für die intensiven Gefühle zu finden, die ein zutiefst einsamer Mensch durchlebt, merkt man schon sehr bald, wie schwierig es ist, die richtigen Worte zu finden. Eigentlich ist das merkwürdig, denn viele von uns kennen sehr wohl jene überaus schmerzhaften Gefühle, welche die Einsamkeit hervorruft, doch wir sind nicht imstande, diese Gefühle klar und deutlich zu beschreiben. Versuchen wir es, so fallen die Ergebnisse ganz unterschiedlich aus.

1. So wird Einsamkeit regelmäßig als „ein Gefühl des Mangels" umschrieben – Mangel an einem Kameraden, Partner oder Freund. Jemand beschrieb dieses Mangelempfinden folgendermaßen: „Ich feiere meinen Geburtstag nie, denn ich weiß nicht, wen ich einladen soll."

2. Andere beschreiben Einsamkeit als „Gefühl, dass man ganz allein dasteht". Eine 22-jährige Frau erzählte: „Sowohl

während meiner Grund- als auch Hauptschulzeit wurde ich enorm gemobbt. Weil ich von der ganzen Klasse gemobbt wurde, hatte ich niemanden, mit dem ich darüber reden konnte, auch außerhalb der Schule nicht. Ich habe zwar liebe Eltern und sieben nicht weniger liebe Geschwister, aber ich schämte mich nicht nur dafür, gemobbt zu werden, sondern hatte außerdem noch das Gefühl, dass ich ihnen mit meinen Problemen zur Last fallen würde. Vor allem befürchtete ich, dass meine Eltern bei der Schule anrufen würden und das Mobbing dadurch nur noch schlimmer werden würde. Dieses Gefühl von Einsamkeit wünsche ich niemandem.“[12] Glücklicherweise wird das Problem des Mobbings an Schulen immer klarer erkannt und verschiedenste Gegenmaßnahmen ergriffen.

3. Wieder andere deuten Einsamkeit als die Erfahrung, dass „kein Mensch daran interessiert ist, wie es mir geht“. Manche erleben dies sogar noch heftiger. So sagte jemand: „Ich denke immer, dass die anderen mich nicht brauchen.“ Das bedeutet, dass die Einsamkeit in diesem Fall durch das Gefühl verursacht wird, dass die anderen kein Interesse, ja vielleicht sogar eine Abneigung gegen einen haben.

4. Wieder andere sprechen von dem „Gefühl, dass man nicht verstanden wird“. Manchmal hat ein solches Gefühl mit Kommunikation zu tun: Man wagt es nicht oder möchte den anderen (Partner, Freundin, Freund, Mutter oder Vater) nicht mit den eigenen Gefühlen belasten. „Er hat doch eh’ schon so viel Stress“, sagte eine Frau, die darüber klagte, dass ihr Mann sie nicht verstand, und sie selbst es nicht wagte, seine Aufmerksamkeit für sich einzufordern. Doch

in nicht wenigen Fällen hat dies auch mit der Unfähigkeit eines von beiden Partnern zu tun, sich in den anderen einzufühlen und hineinzuversetzen. Eine solche Unfähigkeit ist eine schwere Belastung für die Beziehung und bewirkt, dass sich der Partner, der nicht verstanden wird, in der Beziehung einsam fühlt.

5. Betreuer berichten des öfteren, dass die Verantwortung, die sie mit der Pflege ihres Partners, eines ihrer Elternteile oder eines anderen geliebten Menschen tragen, im Grunde eine zu schwere Belastung für sie ist. Dadurch fühlen sie sich einsam, „weil niemand da ist, der ihnen hilft, diese Sorge mitzutragen".

6. Babette van Veen, eine bekannte Schauspielerin und Sängerin, fühlte sich nach ihrer Scheidung einsam. Auf die Frage, was Einsamkeit denn für sie bedeute, antwortete sie: „Dass man in einem bestimmten Moment das Gefühl haben kann, dass es jeder schafft, sie zu überwinden, nur ich nicht."[13]

Nicht wenige Menschen, die geschieden sind, haben ähnliche Erfahrungen gemacht. Es war, als müssten sie sich nach ihrer Scheidung wieder neu finden und von Grund auf neues Selbstvertrauen aufbauen, wie es mir jemand einmal erzählt hat.

## Ein Mangel an Verbundenheit

Neben den oben erwähnten Erkenntnissen haben mir vor allem die Erklärungen von Matthias Wais dabei geholfen, die Einsamkeit im Kern ihres Wesens zu verstehen.[14] Er widmete sich in seinem Leben der Erarbeitung von Erkenntnissen anhand der Biographie des Menschen. In einem Interview wurde er um eine Definition von Einsamkeit gebeten. Daraufhin antwortete Wais: „Mit Definitionen habe ich es nicht so sehr (allein schon mit dieser Bemerkung hat er mein Herz erobert!). Daher schlage ich vor, umgekehrt zu beginnen. Das Gegenteil von Einsamkeit ist Anteilnahme. Das bedeutet, dass ich meinem Umfeld etwas aus meinem tiefsten Inneren schenke. Wenn ich nichts schenke, kann tiefe Einsamkeit entstehen."[15]

Mit dieser Erklärung möchte Wais also sagen, dass es wichtig ist, der Gemeinschaft, zu der wir gehören, also unserer Familie, unserem Freundeskreis, unserer geistigen Familie (damit sind Gleichgesinnte gemeint, mit welchen wir unsere Ideale teilen), unserem Sportverein oder unserer Clique von Freundinnen, etwas zu schenken, was wir können, was wir wissen oder was wir sind. Dadurch entsteht eine warmherzige, echte Verbundenheit mit den Mitgliedern der jeweiligen Gruppe. Wenn wir das, aus welchen Gründen auch immer, nicht tun (es nicht wagen, nicht können oder nicht wollen), geraten wir in eine Stimmung, die von Einsamkeit dominiert wird, weil wir dann keine wirkliche Verbundenheit mehr mit anderen empfinden. Im Kern ist Einsamkeit folglich der Mangel an Verbundenheit – die Tatsache, dass wir nicht Teil einer Gruppe von Menschen sind, in der wir uns zu Hause fühlen und es wagen, wir selbst zu sein und dies auch können.

## Symptome, die auf Einsamkeit hindeuten

An welchen Symptomen kann man nun eigentlich ablesen, ob man vielleicht selbst einsam ist? Es macht Sinn, sich zu dieser Frage Gedanken zu machen. Erstaunlicherweise gibt es nämlich ziemlich viele Menschen, die ihre negativen Gefühle (von Schwäche, Wut oder Unzufriedenheit) nicht auf Einsamkeit zurückführen. Doch wenn man die Ursache nicht erkennt oder versteht, kann man auch nicht dagegen vorgehen. Daher ist es wichtig, zu einer ehrlichen Selbsterkenntnis zu gelangen.

Hinzu kommt, dass Einsamkeit verständlicherweise als „verborgenes Leiden" bezeichnet wird, weil sie nach außen hin nicht sichtbar ist. Sie ist sogar so versteckt, dass nicht wenige Menschen sich daher ihrer Einsamkeit gar nicht bewusst sind. Folgende Symptome können ein Hinweis auf Einsamkeit sein:

1. *Ein geringes Selbstwertgefühl.* Wer zu wenig Selbstwertgefühl besitzt, ist stets auf der Hut und zurückhaltend im Kontakt mit anderen. Daher ist eine unbefangene, offene Kommunikation (mit den Mitgliedern der Gruppe, zu der man gehört) nur schwer möglich. Das trägt natürlich zur Einsamkeit bei.

2. *Verlegen und linkisch im Umgang mit sozialen Kontakten.* Auch das hemmt eine entspannte Kommunikation. Man hat stets Angst davor, Fehler zu machen, und befürchtet, dass man von den anderen abgewiesen oder nicht mehr nett gefunden werden könnte.

3. *Die Unfähigkeit, anderen zu vertrauen.* Wer anderen nicht vertrauen kann, wagt es auch nicht, sich dem anderen gegenüber unbefangen zu geben. Misstrauen ist tödlich für alle Beziehungen, und eine ganze Reihe von Beziehungen sind im Grunde deshalb in die Brüche gegangen.

4. *Zu sehr auf sich selbst bezogen.* Oder immer mit sich selbst befasst, nach dem Motto: „Sehe ich auch gut aus? Was soll der andere bloß denken, wenn ich so gekleidet bin?" Wer seine ganze Aufmerksamkeit nur auf sich selbst richtet und sich stets fragt, was der andere wohl gerade von ihm denkt, ist nicht imstande, offen und sensibel mit dem anderen umzugehen. Das macht einen Menschen einsam.

5. *Angst vor Ablehnung.* Diese Angst führt häufig dazu, dass wir den anderen gefallen möchten und uns an das anpassen, was der andere unserer Meinung nach erwartet. Man interpretiert also selbst hinein, was der andere wahrscheinlich denkt oder fühlt – eine Vorstellung, die im Übrigen oft nicht stimmt.

Außerdem gibt man sich selbst nicht so, wie man ist, sondern gaukelt dem anderen ein (falsches) Bild von sich selbst vor. Es versteht sich von selbst, dass auch diese Einstellung einer offenen Kommunikation im Weg steht und man sich folglich beim anderen auch nicht wirklich sicher fühlt.

Wer diese Aspekte in seiner eigenen Seele wiedererkennt, ist meist – mehr oder weniger – einsam. Sich dies bewusst zu machen, ist der erste Schritt zur Heilung.

## Einsam inmitten von anderen

Einsamkeit ist etwas ganz anderes als Alleinsein. Man kann sich beispielsweise inmitten von (einer Gruppe von) Menschen, wie etwa bei Familientreffen, Geburtstagspartys oder Konferenzen, völlig einsam fühlen. Man fühlt sich also einsam, obwohl man wahrlich nicht allein ist. Wir können uns jedoch auch vollkommen einsam fühlen, wenn wir mit jemandem zusammen sind, der kein wirkliches Interesse an uns hat, sondern nur an sich selbst. Nach seiner Scheidung sagte jemand: „Jetzt, da ich allein bin, bin ich weniger einsam als zu der Zeit, als ich noch verheiratet war und mit meinem Mann zusammenlebte."

Diese Form von Einsamkeit inmitten von (oder Seite an Seite mit) anderen wird sogar als die schmerzhafteste Form empfunden. So schrieb jemand: „Du bist auf einer Feier. Überall Menschen um dich herum. Jeder lacht, alle plaudern miteinander und haben Spaß. Und du kannst es nicht. Du ärgerst dich über alles und jeden und fühlst dich mutterseelenallein. Du denkst: 'Sie haben auch ohne mich ihren Spaß. Ich bin überflüssig, keiner mag mich.' Es kommen alle möglichen Gedanken hoch, und man fühlt sich entsetzlich einsam."[16]

Auch Menschen, die vor Kurzem einen geliebten Menschen verloren haben, fühlen sich oft in einer Gruppe einsam – sie sind innerlich vor allem auf ihren Kummer und ihr Verlustgefühl fixiert, können das jedoch natürlich längst nicht immer (und gewiss nicht ständig) in der Gruppe mitteilen, in der sie sich befinden.

## Lied von der Einsamkeit

Weil die Einsamkeit ein unsichtbarer Schmerz und ein unsichtbares Leid ist, ist sie auch so schwer zu beschreiben. Als ich nach einer passenden, treffenden Beschreibung suchte, merkte ich, dass Gedichte vielleicht noch am besten geeignet sind, etwas von den intensiven Gefühlen spürbar zu machen, mit welchen die Einsamkeit verbunden ist. So fand ich ein Lied, das von Lenny Kuhr – sie bezeichnet sich selbst als „Singer-Songwriterin" – gesungen wird. Das Lied ist die Übersetzung eines deutschen Textes. Die niederländische Version wurde von Herman Pieter de Boer verfasst.

*Lied von der Einsamkeit*

*Nur wer die Sehnsucht kennt*
*Weiß, was ich leide!*
*Allein und abgetrennt*
*Von aller Freude,*
*Seh' ich ans Firmament*
*Nach jener Seite.*

*Ach! Der mich liebt und kennt,*
*Ist in der Weite.*
*Es schwindelt mir, es brennt*
*Mein Eingeweide.*
*Nur wer die Sehnsucht kennt*
*Weiß, was ich leide!*[17]

Der Verfasser dieses Textes muss die tiefe Einsamkeit in der eigenen Seele erfahren haben – anders wäre er nicht imstande gewesen, diesen bewegenden Text zu schreiben. Es ist erstaunlich – so ist zumindest meine Erfahrung – wie viel Trost von einem auf den ersten Blick so „einfachen" Text ausgehen kann. Man fühlt sich in seiner eigenen Einsamkeit begriffen und verstanden, und das allein schon erwärmt unsere Seele.

# 3.

# Emotionale und soziale Einsamkeit

## Zwei Formen von Einsamkeit

Meist werden zwei Formen von Einsamkeit unterschieden: Die „emotionale Einsamkeit" und die „soziale Einsamkeit". Dabei, so heißt es, leiden Männer vor allem unter „sozialer Einsamkeit" und Frauen mehr unter „emotionaler Einsamkeit". Etliche Menschen leiden sogar unter beiden Formen von Einsamkeit, und zwar sowohl Männer als auch Frauen.

„Emotionale Einsamkeit" entsteht durch den Mangel an einer gefestigten emotionalen und intimen Bindung mit einem anderen Menschen, beispielsweise mit einer Freundin, einem Bruder, einer Schwester oder einem Partner. Bei dieser Einsamkeit fehlt also der Mensch, mit dem man seine Geheimnisse, Emotionen und tiefsten Gefühle teilen kann, jemand, bei dem man sich sicher und geborgen fühlt. Eine solche Freundschaft oder Liebesbeziehung schenkt uns das Gefühl, dass man verstanden wird und es immer jemanden gibt, an den man sich wenden kann.

„Soziale Einsamkeit" hingegen entsteht, wenn man weniger Kontakt mit verschiedenen anderen Menschen hat, als man gerne haben würde – beispielsweise mit Kollegen, Freundinnen, (Sport-) Kameraden und/oder Familienmitgliedern. Hier geht es also vor allem um eine Atmosphäre, die von gut gelaunter, warmherziger Kameradschaft und Verbundenheit getragen wird, die man vermisst.

Die emotionale Einsamkeit wird meist als schwerwiegender empfunden als die soziale Einsamkeit. Menschen, die beide Formen der Einsamkeit durchmachen – und das sind im Verhältnis nicht wenige – geraten dadurch in die heftigste Form von Einsamkeit.

Ein 45-jähriger Straßenbahnfahrer erkrankte schwer und wurde arbeitsunfähig. Nach seiner Entlassung aus der Klinik saß er allein zu Hause. Er sagte: „Daheim fällt mir vor Einsamkeit die Decke auf den Kopf." Weil er keine Partnerin beziehungsweise keine andere intime Beziehung hatte und Freunde und Kollegen ihn nur selten besuchten, litt er an beiden Formen von Einsamkeit – sowohl an der emotionalen als auch an der sozialen.

Eine 58-jährige Anwältin wurde schwer krank. Seitdem litt sie an chronischer Müdigkeit, sodass sie in ihren Möglichkeiten sehr eingeschränkt wurde. Sie erzählte: „Ich erhalte zwar schon Unterstützung aus meinem Umfeld, doch letztendlich sitzt du mit deinem Kummer und Schmerz allein da. Manche sagen: 'Du brauchst nicht einsam zu sein – es gibt genügend soziale Aktivitäten, an welchen du dich beteiligen kannst.' Das nutze ich auch viel, aber davon geht die Einsamkeit nicht weg. Es ist nur eine Ablenkung, denn von dem intensiven Gefühl von Einsamkeit tief drinnen muss man sich selbst befreien." Es war vor allem der Kummer über den Verlust ihres Handlungsspielraumes, der sie einsam machte.

Dieses Beispiel verdeutlicht, dass das Gefühl von Einsamkeit – verursacht durch den Verlust von Gesundheit, geliebten Menschen und anderem mehr – oft im Menschen selbst sitzt. Daher sind all die guten Ratschläge nach dem Motto „Du musst dies und du musst das tun" in den meisten Fällen sinnlos. Sie berühren nicht den Kern der Einsamkeit – diese sitzt ja in uns selbst. Jemand hat es einmal so formuliert: „Ein Anflug von Einsamkeit kann mich überall einfach so aus heiterem Himmel überkommen, auf der Straße, zu Hause oder bei einem Meeting, denn die Einsamkeit sitzt in mir selbst und streckt im unpassendsten Moment den Kopf hervor."[18] Ein anderer sagte sogar: „Alle diese Ratschläge, wie ich die Einsamkeit überwinden soll, machen mich ab und zu richtig wütend. Sie kommen oft von Menschen, die selbst noch nie diese intensive Einsamkeit erlebt haben."

## Einsamkeit als Folge von Kindheitserlebnissen

Anhand der oben angeführten Beispiele wird deutlich, dass insbesondere Krankheit häufig zu Einsamkeit führt; doch natürlich gibt es auch andere Faktoren, die Einsamkeit verursachen. So fühlte sich eine 45-jährige Frau schon längere Zeit einsam, wusste jedoch nicht, wo diese Gefühle herrührten – bis eines Tages in ihr der Verdacht aufkam, dass diese auf ihre Kindheitserlebnisse zurückzuführen waren. Ab dem Moment, als diese Vermutung in ihr aufkam, kam es ihr so vor, als würde sich in ihrem Inneren eine Türe öffnen. Immer mehr Erinnerungen stiegen in ihr hoch – Erinnerungen, welche schon lange nicht mehr in ihrem Bewusstsein aufgetaucht waren. Sie erzählte: „Zu Hause fühlte ich mich als Kind unsicher. Es lag immer Streit in der Luft, und selbst wenn gerade einmal kein Streit herrschte, war ich auf der Hut und wartete darauf, dass der nächste Streit ausbrach. Außerdem wurde ich geschlagen und – so sehe ich das im Nachhinein – geistig misshandelt. Daher habe ich mich immer mehr in mich selbst zurückgezogen und versteckte mich so viel wie möglich. An meinem 15. Geburtstag lief ich von zu Hause weg – weg aus diesem Umfeld, in dem kein Platz für mich war. Das sage ich heute, wenn ich zurückschaue. Aber ich habe so manches Trauma von diesen Kindheitserlebnissen davongetragen, auch wenn ich das ganz lange selbst nicht erkannt habe. Die Gefühle von Einsamkeit, die ich jetzt durchlebe, stammen aus dieser Zeit."

Beispiele für Kindheitserlebnisse, die im Erwachsenenalter immer noch dazu führen können, dass man unter Einsamkeit leidet, sind – um nur einige zu nennen – folgende:

- Als Kind waren Sie völlig abhängig von den Entscheidungen und Beschlüssen Ihrer Mutter oder Ihres Vaters, weil diese alles für Sie bestimmt und Ihnen keinen Freiraum für eigene Entscheidungen gelassen haben. Dadurch haben Sie es nie gelernt, selbst die Verantwortung für Ihre eigenen Entscheidungen zu übernehmen.

- Sie hatten einen Vater (oder eine Mutter), der (die) dies oft jedoch gar nicht wirklich war. Dadurch fühlten Sie sich schon damals, in Ihrer Kindheit, unsicher und einsam.

- Vielleicht hatten Sie auch einen Vater oder eine Mutter, der/die faktisch zwar da war, jedoch nicht für Sie – beispielsweise, weil diese/r Sie befremdlich fand, weil Sie anders waren oder weil der betreffende Elternteil im Grunde keine Kinder mochte.

- Sie hatten Angst vor einem autoritären Vater oder einer dominanten Mutter.

- Sie waren der Blitzableiter in der Ehe Ihrer Eltern, die Schwierigkeiten miteinander hatten.

- Einer Ihrer Elternteile wollte keine Kinder, und bewusst oder unbewusst haben Sie das gespürt. Das machte Sie unsicher und gab Ihnen das Gefühl, nicht erwünscht gewesen zu sein.

Wer als Kind solche Erfahrungen macht (prüfen Sie einmal, welche davon auf Sie selbst zutreffen), wird davon meist für den Rest seines Lebens beeinträchtigt. Geraten Sie nämlich als Erwachsener wieder in eine bestimmte Situation, die Sie unbewusst an früher erinnert, oder begegnen Sie jemandem, der Sie (wieder unbewusst) an einen Erwachsenen aus Ihrer Kindheit oder Jugend denken lässt, vor dem Sie Angst hatten, spüren Sie wieder die gleiche Einsamkeit und Machtlosigkeit wie damals. Diese negativen Gefühle kommen so lange zurück, bis Sie erkennen, warum diese entstanden sind und wie Sie noch immer (unbewusst) diese Muster von früher aufrechterhalten.

Bewusstwerdung und Selbsterziehung sind hierbei die Schlüsselwörter. Sobald Sie sich Ihrer kindlichen Verhaltensmuster bewusst werden, werden Sie entdecken, dass Sie als Kind zwar machtlos waren, dass Sie es als Erwachsener jedoch nicht mehr sind. Diese Erkenntnis verleiht Ihnen die Kraft, Ihre Opferhaltung Schritt für Schritt zu überwinden und Ihr Leben selbst in die Hand zu nehmen. Niemals zuvor in der Geschichte der Menschheit sind Bewusstwerdung und Selbsterziehung so wichtig gewesen wie in der heutigen Zeit!

## Unsere eigene Trägheit überwinden

Mathias Wais stellt fest, dass eine wichtige Voraussetzung für die Selbsterziehung das Überwinden unserer Trägheit ist.[19] Damit meint er die geistige Trägheit, die uns die verschiedensten Erfahrungen, die uns zur Selbstreflexion und Selbsterkenntnis herausfordern, achtlos ignorieren lässt. Nahezu täglich gibt es ja Momente, in welchen uns bestimmte Erfahrungen dazu anstoßen, Innenschau zu halten: „Warum passiert mir das? Kann es sein, dass ich diese Erfahrung auf irgendeine Weise selbst ausgelöst habe? Was möchte dieser Streit mit einem anderen mir über mich selbst sagen? Warum fühle ich mich jetzt so müde? Was sagt das negative Gefühl, das ich einem anderen gegenüber hege, über mich selbst aus?"

Reflexion und Selbstbesinnung sind also notwendig, um mich selbst weiterzuentwickeln und zu einer immer tieferen Erkenntnis zu kommen. Außerdem ermöglicht es mir diese Selbstbesinnung, alle möglichen Barrieren zu überwinden, die zwischen mir und den anderen stehen. Nur auf diese Weise werden wir fähig, diese tief verwurzelte Einsamkeit zu überwinden.

## Welche Menschen fühlen sich denn nun eigentlich einsam?

- Zuerst müssen wir feststellen, dass sich *jeder Mensch* in seinem Leben in bestimmten Phasen einsam fühlt. Das fängt bereits in der Kindheit an, insbesondere in der Pubertät, wenn das Kind beginnt, sich von den Eltern zu lösen. Doch auch später gibt es regelmäßig Lebensphasen, in welchen sich der Mensch einsam und/oder im Stich gelassen fühlt.

- Es ist für jeden Erwachsenen wichtig, sich diese Erfahrungen und Phasen bewusst zu machen und sich selbst zu fragen, was diese Einsamkeit letztendlich für sein Leben bedeutet hat. Eine solche Reflexion kann uns einen großen Gewinn bescheren. Je mehr man sich mit zunehmendem Alter nämlich dieser dunklen Gefühle (der früheren Einsamkeit und Verlassenheit) bewusst wird, desto mehr wird man fähig werden, diese loszulassen. Wer das tut, wird entdecken, dass dadurch innerer Freiraum für ehrfurchtsvolles Staunen entsteht – Staunen, das aufkommt, wenn man zu entdecken beginnt, wie viel an geistiger Kraft und an Erkenntnissen man sich in jenen Phasen der Einsamkeit erobert hat.

- Insbesondere *Alleinstehende um die vierzig* fühlen sich einsam, wie Studien ergeben haben. Man denke dabei an Menschen, die ihren Partner durch eine Scheidung oder an den Tod verloren haben. Viele von ihnen erleben es so, als müssten sie zum ersten Mal in ihrem Leben alleine zurechtkommen und nun (nachträglich) noch lernen, die Verantwortung für ihr Leben selbst auf sich zu nehmen – und das ist oft nicht so einfach.

- Eine weitere Gruppe, die stärker als andere mit Einsamkeit in Verbindung gebracht wird, bilden die *Menschen über fünfundsiebzig*. Sie werden gehäuft mit Ereignissen konfrontiert, die die Einsamkeit fördern. Sie verlieren beispielsweise ihren Partner an den Tod. Darüber hinaus verlieren sie immer öfter geliebte Familienmitglieder und Gleichaltrige, die versterben. „Ich komme jeden Monat einmal auf den Friedhof oder zum Krematorium. Manchmal sogar ein paar Mal im Monat", sagte eine 80-jährige neulich.

Ein Altersgenosse erzählte: „Es gibt diese Wellen im Leben. Früher gab es Jahre, in welchen all meine Freunde heirateten und ich Hochzeitsfeiern besuchen musste. Dann brach die Zeit an, in der alle Kinder bekamen und ich mit meiner Frau regelmäßig zu Besuchen ans Wochenbett musste. Daraufhin brach die Zeit der Scheidungen an – etliche unserer Freunde und Familienmitglieder gingen auseinander, und manche baten uns um Hilfe. Nun leben wir in der Phase, in der viele Menschen um uns herum in den Himmel zurückkehren. Zum Glück habe ich keine Angst vor dem Tod und weiß, dass Sterben bedeutet, in die geistige Welt zurückzukehren. Hätte ich dieses Wissen nicht, wäre dies eine finstere, düstere Zeit für uns." Leider gibt es zahlreiche ältere Menschen, die dieses innere Wissen nicht besitzen und daher das Altwerden als eine negative, ja manchmal sogar sinnlose Zeit erleben. Solche Empfindungen bilden natürlich einen Nährboden für Gefühle von Einsamkeit, Bitterkeit und Enttäuschung.

Auch ein zunehmender Vitalitätsverlust verursacht im höheren Alter Einsamkeit: Älteren/alten Menschen fällt es dadurch weniger leicht, verschiedenste Aktivitäten zu unternehmen. Außerdem haben viele in diesem Lebensabschnitt mit körperlichen Leiden oder Beschwerden zu kämpfen. Manche Menschen haben in dieser Lebensphase mentale Probleme, was natürlich ebenfalls zu einer gewissen Einsamkeit führt.

✧ Andere, die regelmäßig unter Einsamkeit leiden, sind *jüngere Menschen*. Insbesonders feinfühlige oder hochsensible Jugendliche oder diejenigen, die „anders" sind. Ein Teenager sagte: „Einsamkeit ist eines der schlimmsten Gefühle, das man haben kann."

Seltsamerweise sehen wir in Fernsehspots der Regierung oder auch anderer Organisationen, die sich mit Einsamkeit befassen, dass das Hauptaugenmerk dabei vor allem auf ältere und alleinstehende Menschen gerichtet ist, weniger jedoch auf Jugendliche – wobei gerade bei dieser Gruppe die Problematik deutlich zunimmt. Infolge ihrer Einsamkeit entwickeln Jugendliche diverse psychische Probleme, wie Depressionen, ein niedriges Selbstbewusstsein und Schlafprobleme. Auch werden sie schneller von Alkohol und Drogen abhängig, fühlen sich gestresster, bewegen sich weniger und haben öfter keinen Arbeits- oder Ausbildungsplatz.

✧ Auch sozial Bedürftige fühlen sich laut Forschungsstudien erwiesenermaßen einsam – sie können sich weniger auf ihr Netzwerk stützen als früher („Jeder hat nun einmal so seinen eigenen Stress", sagte ein Bedürftiger) und empfinden vor allem eine emotionale Einsamkeit.[20]

## Männer sind einsamer als Frauen

Das niederländische Zentralbüro für Statistiken hat festgestellt, dass Männer häufiger einsam sind als Frauen. Insbesondere in der Altersklasse zwischen fünfundvierzig und fünfundsechzig Jahren finden wir eine deutliche Diskrepanz: In dieser Gruppe sind Männer häufiger einsam als Frauen. Oft (aber nicht immer) handelt es sich dabei um alleinstehende Männer.[21]

Außerdem finden wir überdurchschnittlich viel Einsamkeit bei Männern mit einem nicht-westlichen Hintergrund. Ungefähr sieben Prozent von ihnen sind einsam. Diese Gruppe hat auch weniger regelmäßig Kontakt zu Freunden und Familie, und sie beurteilen ihre Gesundheit oft auch als (sehr viel) schlechter als andere, die vom Ausland in die Niederlande gekommen sind.

Auffallend und vielsagend ist übrigens auch, dass die Einsamkeit öfter bei Menschen mit einem niedrigen Einkommen auftritt.

# 4.

# Wie entsteht Einsamkeit eigentlich?

## Die wichtigste Ursache: Kindheitserlebnisse

Wie wir bereits erkannt haben, wird die Grundlage für die späteren Gefühle von Einsamkeit meist in den frühen Lebensjahren gelegt – und zwar bei jenen Jugendlichen, die niemals einen Arm um die Schultern gelegt bekommen, die keine Anerkennung erhalten und/oder das Gefühl haben, nicht gesehen zu werden. Anders ausgedrückt: Ihr wahres Wesen (also wer sie eigentlich, tief in ihrem Innersten sind) wird nicht gesehen und nicht akzeptiert, beispielsweise weil dieses Wesen nicht recht in die Familienkultur passt und folglich zu sehr davon abweicht.

Das widerfährt leider schon den ganz jungen Menschen, insbesondere den Kindern, die anders sind, oder den Jugendlichen, die eine andere Lebenshaltung oder Lebenseinstellung als der Durchschnitt haben. Gerade ihnen wird oft mit Unverständnis begegnet; nicht nur außer Haus (wie etwa durch Mobbing in der Schule), sondern auch daheim. Für ihre Gefühlswelt – so sagen viele von ihnen, wenn sie später auf ihre Jugend zurückblicken – war kein Raum für ihre Eigenart. In der Literatur zu diesem Thema wird dies meist folgendermaßen formuliert: „Die Authentizität des Kindes ist nicht erkennbar." Für mich ist das eine klare Umschreibung, die mich berührt, denn die eigene Authentizität ist ja genau der Kern unseres Wesens, das, was wir zutiefst innerlich sind.

Natürlich führt diese Ablehnung – die auch als Mangel an Bestätigung bezeichnet wird – beim Kind zu Unsicherheit und Angst vor noch mehr Ablehnung. Es zieht sich in sich selbst zurück, wird still und versucht, sich an das anzupassen, was die Erwachsenen (und die anderen in seinem Umfeld) offensichtlich von ihm erwarten. Doch indem es sich immer mehr zurücknimmt, opfert es sein eigenes Wesen – und genau das macht es so einsam. Die tiefste Einsamkeit entsteht, wenn ein Mensch sein Selbstwertgefühl verloren hat und sein eigenes Wesen unterdrückt. Anders gesagt: *Einsamkeit entsteht, wo ein Mensch den Kontakt zu seinem eigenen Wesenskern verloren hat.*

Doch was soll ein Kind denn anfangen, wenn es sein eigenes Wesen nicht zum Ausdruck bringen kann oder nicht der/die sein kann, der/die es ist? In diesem Fall entscheiden sich viele Kinder unbewusst dafür, ihr Leben in den Dienst von anderen zu stellen. Sie werden die späteren Erwachsenen, die immer für andere bereit stehen, die Ratschläge anbieten, sich einfühlen, helfen, zuhören und/oder Kleinkram für andere erledigen. Psychiater und andere Therapeuten sind recht häufig Menschen, die selbst einen solchen Entwicklungsprozess durchgemacht haben. Sie sprechen oftmals aus persönlicher Erfahrung. Sie wurden als Kind abgelehnt, nicht respektiert und haben daher Zuflucht in der Fürsorge für andere gesucht, um auf diese Weise nachträglich doch noch ein wenig Wertschätzung, Anerkennung und Respekt zu erwerben.

Eben dieser Impuls ist es, der solche Kinder später dazu bewegt hat, Psychologie zu studieren oder fachverwandte Ausbildungen anzutreten, die sie auf ein Leben als Sozialarbeiter vorbereiten. Meist werden sie auch zu guten Therapeuten; denn sie kennen die Problematik ihrer Klienten aus eigener Erfahrung. Eine von ihnen – Suzan Oudejans – sagte: „Es kann nicht anders sein, als dass es bei der GGZ (Geistige Gesundheitsfürsorge) von Psychiatern, Psychologen, Sekretärinnen, Helpdesk- und Empfangs-Mitarbeitern, Prüfern und Direktoren mit Selbsterfahrung nur so wimmelt. Mangelt es ihnen einmal an eigener Erfahrung, dann können ihre Partner, ihre Familie oder ihre Freunde damit aufwarten. Warum bleibt dies größtenteils ungesehen und unausgesprochen?" Oudejans ist eine der ersten, die dieses Phänomen –, dass der Sozialarbeiter oft selbst eigene schmerzliche Erfahrungen mitbringt – öffentlich anspricht.[22]

*Waren Sie selbst auch solch ein Kind?*
Wie können Sie nun an sich selbst erkennen, ob Sie auch so ein vernachlässigtes Kind gewesen sind, das seine Zuflucht in der Fürsorge für andere gesucht hat, auf welche Weise auch immer? Diese Frage ist gerechtfertigt, weil ganz viele Menschen diese schmerzhaften Kindheitserfahrungen so tief in sich unterdrückt haben, dass sie sich nicht bewusst sind, selbst auch so ein Kind gewesen zu sein. Wenn Sie nun wissen möchten, ob Sie auch solch ein Kind waren, das Zuflucht in der Fürsorge für andere gesucht hat, dann prüfen Sie doch, ob Ihnen Gedanken wie diese bekannt vorkommen:

- „Nie werde ich von meinen Mitmenschen beachtet, obwohl ich immer nur für sie da bin", oder ähnliche Gedanken und Gefühle. Solch ein Gedanke blitzt meist nur für einen kurzen Moment auf, um aber gleich wieder zu verschwinden. Es erfordert dann auch entsprechenden Mut, sich einen solchen Gedanken bewusst zu machen.

- Andere denken sich: „Wenn ich etwas gebe, bin ich willkommen, aber einmal etwas zurückbekommen – ach, du meine Güte!" Wer Gefühle wie diese (oder ähnliche) von sich selbst kennt, ist mit großer Wahrscheinlichkeit ebenfalls solch ein Kind gewesen.

Solche Gedanken machen nämlich deutlich, dass Geben und Nehmen nicht im Gleichgewicht standen, sondern Sie offensichtlich Ihre Zuflucht im Geben oder in der Fürsorge für andere gesucht haben. Es sind nicht die anderen, die Ihnen keine Aufmerksamkeit schenken oder sich weigern, Ihnen etwas zurückzugeben – wahrscheinlich sind Sie es selbst, der nicht wirklich offen ist für die aufrichtige Aufmerksamkeit der anderen und für das, was diese geben möchten. Sie sind vor allem darauf fixiert, zu geben und nochmals zu geben. Kurzum – Sie haben es zwar gelernt zu geben, aber nicht, selbst etwas anzunehmen.

Menschen, die solche Gedanken wie die oben erwähnten haben, sind im Grunde genommen einsam. Es besteht keine wechselseitige Kommunikation mehr. Menschen, die nur geben, erhalten nämlich selbst keine Wärme und Aufmerksamkeit und sind daher einsam. Diese Einsamkeit, die entstanden ist, indem das eigene Wesen unterdrückt wurde, weil kein Raum für die Authentizität des Kindes war, das sie einst waren, wird übrigens als „Vereinsamung aufgrund von Selbstentfremdung" bezeichnet – eine Umschreibung, die alles aussagt.

## Manche sind schon von Geburt an einsam

Eine andere Ursache für die Einsamkeit liegt in dem Umstand, dass ganz viele Menschen einsam geboren werden. Sie bringen also die Gefühle von Verlorenheit oder Einsamkeit aus der geistigen Welt mit hierher. Ihre Einsamkeit ist die Folge von Erfahrungen aus vergangenen Leben. Es gehört also zu ihren Lebenslektionen oder zu ihrem Karma. Manchen Kindern kann man dies förmlich ansehen: Man denke an stille, zurückgezogene Kinder, die sich anderen nicht leicht öffnen. Sie brauchen Eltern, die sie mit Liebe umhüllen, ihnen Wärme schenken und sich von ihrer starken Zurückgezogenheit nicht abschrecken - oder gar abstoßen - lassen. Mit einem spontanen, warmherzigen und geselligen Kind kann man natürlich leichter umgehen als mit einem solch ernsthaften. Doch gerade dann müssen sich die Eltern der Tatsache bewusst werden, wie sehr und warum dieses Kind ihre Aufmerksamkeit und Wärme besonders stark braucht.

Jeder Mensch erhält kurz vor der Geburt eine „Vorschau". Das heißt, dass er in groben Zügen sein bevorstehendes Leben auf Erden gezeigt bekommt. Wenn es ein schweres Leben ist, kann dies zu innerem Widerstand führen: Das Kind widersetzt sich diesem bevorstehenden Leben und der Mission, die es auf Erden erfüllen soll; oder das Kind widersetzt sich der bevorstehenden Geburt und will das neue Erdenleben eigentlich nicht eingehen.

Bei der Geburt sacken diese Bilder und der Eindruck, den diese auf das Kind gemacht haben, dann ins Unterbewusstsein ab. Doch auch wenn sie nun unbewusst geworden sind, so leben sie dennoch stets in der Seele des Kindes weiter und verleihen ihm einen gewissen Ernst, Zurückgezogenheit und manchmal auch Nachdenklichkeit.

## Auch Verlusterlebnisse können uns einsam machen

Eine dritte Ursache für unsere Gefühle von Einsamkeit bildet, wie ich es bereits oben beschrieben habe, die Prägung durch Verlusterfahrungen, die wir durchmachen: Der Tod eines geliebten Familienmitglieds, eines Kindes oder Partners, eine Scheidung, die Einbuße der Gesundheit, der Verlust des Arbeitsplatzes oder unseres guten Rufes. Doch auch ein Umzug oder eine Entlassung können beispielsweise die Ursache für Einsamkeit sein. Es gibt immer wieder Erfahrungen, die Schmerz und Kummer auslösen – und dieser heftige Kummer macht uns einsam.

Aber warum macht uns ein schwerer Kummer eigentlich einsam? Jeder weiß wahrscheinlich nur zu gut, dass es so ist. Aber warum ist das so? Weil wir in Gedanken fortwährend mit der Person (oder dem Job, der Gesundheit usw.) beschäftigt sind, die wir verloren haben, und weil wir immer wieder daran denken, wie das geschehen ist. Wir haben kein wirkliches Interesse an irgendetwas anderem, auch wenn wir oft so tun als ob. Dadurch entsteht eine Kluft zwischen dem, was wir in unserem Inneren erleben, und den Menschen in der Welt draußen, die mit ganz anderen Dingen beschäftigt sind. Kummer macht so einsam. Daher ist für viele Menschen mit einem schweren Kummer der Kontakt zu Leidensgenossen so wichtig: Sie verstehen ein wenig, was man selbst durchlebt, und man fühlt sich mit ihnen verbunden. Erst später, auf dem Weg der Verarbeitung des Kummers, kommt man langsam wieder zurück in die „normale" Menschenwelt und kann die Einsamkeit allmählich überwinden. Doch das Beschreiten dieses Weges ist oftmals ein hartes Stück Arbeit.

*Kummer macht so allein*

*Du liebtest ihn, von ganzem Herzen,*
*Ihr wart miteinander verwachsen, du kanntest seine Stimme*
*aus Tausend anderen heraus und liebtest sie.*
*Du kanntest den Klang seiner Schritte,*
*was kanntest du nicht? Du kanntest jede Gebärde von ihm,*
*und seine Augen bargen kein Geheimnis für dich.*

*Jetzt, jetzt, da du all dies nicht mehr haben kannst,*
*blickst du zurück*
*und spürst den Schmerz des Getrenntseins.*
*Nach außen hin stark, damit die Menschen*
*denken: „Sie ist schon drüber hinweg" –*
*bist du zu Hause, allein, dann bist du so klein.*

*Kein anderer als Gott allein weiß*
*von deinen Tränen, von deinen Fragen nach dem 'Warum?'*
*und von deinen schlaflosen Nächten.*
*Kummer macht so allein.*[23]

## Auch die Verhärtung in unserer heutigen Zeit macht einsam

Eine wichtige Ursache für Einsamkeit sehe ich außerdem in der Tatsache, dass die Stimmung in unserer heutigen Zeit dazu führt, dass immer mehr Menschen ihr Herz verschlossen lassen. Sie unterdrücken ihr Gefühl, denn, so sagen sie, wenn man einfach man selbst und somit verletzlich ist, wird man angegriffen. In der heutigen Zeit wird von uns verlangt, stark zu sein und „unseren Mann zu stehen", die eigenen Grenzen zu wahren und, vor allem, unsere eigenen zarten Seiten nicht zu zeigen. Diese verhärtete Stimmung führt dazu, dass es viele *nicht mehr wagen, authentisch und wahrhaftig sie selbst zu sein.* Ich persönlich betrachte diese *Kultur der verschlossenen Herzen* als einen der wichtigsten Gründe für die zunehmende Einsamkeit in unserer heutigen Zeit.

# 5.

# Einsamkeit in der Bibel

## Das Grundmuster unserer Einsamkeit

In der Bibel finden wir verschiedene Beispiele, die uns sowohl etwas über den tiefen Schmerz und die Ohnmacht mitteilen, die mit unserer Einsamkeit verbunden sind, als auch vom Gewinn, den wir daraus schöpfen können. In der Bibel ist Einsamkeit im Grunde nämlich nicht sinnlos, es sei denn, wir verhärten und vergraben uns in Zorn, Wut, Groll oder Habsucht. In diesem Fall bleibt die bittere Einsamkeit hartnäckig bestehen und hält uns ein Leben lang gefangen.

Doch in allen anderen Fällen ist Einsamkeit in der Bibel einerseits eine düstere Erfahrung, die äußerst ernst genommen und bis ins Detail genau beschrieben wird, den Menschen andererseits aber tatsächlich auch ein tiefes geistiges Wachstum bescheren kann. Damit macht uns die Bibel das Grundmuster unserer Einsamkeit deutlich: Wie wir auf die richtige Art und Weise mit ihr umgehen und sie - auch in unserer heutigen Zeit - allmählich in eine Erfahrung umwandeln können, die uns geistig letztendlich bereichert. Natürlich ist dies keine leichte Aufgabe. Doch es ist sehr wohl möglich, wie die Bibel deutlich macht. Ich möchte dies gern anhand von drei Beispielen eingehender erklären:

*Wie Hiob dank seiner Einsamkeit zu einem Wissenden wurde*
Das erste Beispiel finden wir in der Lebensgeschichte von Hiob – einer Geschichte, die wir im Alten Testament finden. Hiob, der reichste Mann im ganzen Mittleren Osten, verlor allmählich alles, was er besaß: Zunächst seine sieben Söhne und seine drei Töchter, dann seinen unermesslichen Reichtum und schließlich seine Gesundheit.

Ausführlich und äußerst plastisch wird dieser Niedergang Hiobs beschrieben. Die Folge all seiner Verluste war, dass seine Freunde ihn im Stich ließen – er war für sie bedeutungslos geworden.

Sogar seine Frau wollte letztendlich nichts mehr mit ihm zu tun haben. Außerdem hatte sie keinerlei Verständnis für Hiobs treuen Glauben an Gott, trotz all seines Elends. Sie sagte: „Hältst du noch fest an deiner Frömmigkeit? Ja, sage Gott ab und stirb!" Hiob aber sprach zu ihr: „Du redest, wie die närrischen Weiber reden. Haben wir Gutes empfangen von Gott und sollten das Böse nicht auch annehmen?" So ging Hiob nach all diesen Verlusten in totaler Verlassenheit durch die Einsamkeit – sogar seine drei besten Freunde ließen ihn im Stich. Als Aussätziger und Ausgestoßener durchlebte er jeden Aspekt der Einsamkeit. Er kannte auch die Rebellion, das Unverständnis und die totale Ratlosigkeit.

Das Buch Hiob in der Bibel besteht aus 42 Kapiteln. Doch der überwiegende Teil dieser Kapitel, von Kapitel 3 bis Kapitel 42, ist den endlosen Wehklagen Hiobs gewidmet. „Warum, oh Gott, hast du mich all meiner Besitztümer beraubt. Habe ich denn so gesündigt gegen dich, dass ich diese Strafe verdiene? Warum, Gott, warum?" Nahezu niemand macht sich heute noch die Mühe, diese Kapitel – eine ellenlange Litanei – zu lesen, vor allem auch, weil nur Wenige in unserer heutigen Zeit begreifen, dass dieser Gang durch die Einsamkeit und Verlassenheit Hiob einen tiefen geistigen Gewinn gebracht hat.

Denn damals, in der tiefsten Dunkelheit, gelangt Hiob zur Einsicht: Das Licht Gottes begann unvermittelt, völlig unerwartet, im Dunklen aufzuleuchten. Anders ausgedrückt: Inmitten seiner Verzweiflung und Verlassenheit machte Hiob eine Gotteserfahrung – eine Erfahrung, die so tiefgreifend, doch auch so erhaben über alle irdischen Worte war, dass Hiob nur noch stammeln konnte: „Ich hatte von dir mit den Ohren gehört, aber nun hat dich mein Auge gesehen." Welch eine große Erfahrung: Er durfte Gott von Angesicht zu Angesicht gegenüberstehen, ohne dass er an der Kraftausstrahlung Gottes zugrunde ging. Auch durfte er im selben Moment in die größten und für jeden Menschen verborgenen Mysterien der Schöpfung eintauchen.

So darf Hiob das eigentliche, das verborgene Geheimnis der Einsamkeit erfahren, nämlich das Liebeslicht Gottes – ein Licht des Wissens, der vollkommenen Liebe und der unvorstellbaren Einsichten – das den Menschen gerade in seiner tiefsten Verlassenheit und Einsamkeit zu umhüllen beginnt und in dessen Leben zur eigentlichen Wirklichkeit wird. Der Mensch, der durch die Einsamkeit hindurchgeht, kann, genau wie Hiob, ein unerschütterliches inneres Wissen erwerben: Das Wissen, dass es eine geistige Welt gibt, Engel, die uns beistehen, und einen Gott, der für uns da ist – in der totalen Finsternis öffnet sich für uns eine höhere Welt.

Wer die Geheimnisse der Nacht kennt, weiß, dass gerade dann, wenn die Nacht am finstersten ist, das erste Morgenlicht durchbricht. Das können wir jede Nacht neu erfahren. Doch wir können dasselbe Mysterium auch erleben, wenn wir durch die tiefste Finsternis im Leben gehen – wie uns in der allertiefsten Dunkelheit, wenn wir uns selbst und unserer totalen Verlassenheit vollkommen verzweifelt ausgeliefert sind, unerwartet ein strahlendes Licht zu umhüllen beginnt – ein Licht, ein Wissen und eine Liebe, für die es keine Worte gibt. Jeder Mensch, der dieses Mysterium – genau wie Hiob – erfahren durfte, weiß, dass dessen stammelnde Worte die tiefste Wirklichkeit des Lebens zum Ausdruck bringen: „Ich hatte von dir mit den Ohren gehört, aber nun hat dich mein Auge gesehen."

So durfte Hiob zu seiner Zeit (viele Jahrhunderte vor der Geburtsstunde des Christentums) das große Geschenk verkündigen, das der Gang durch die Einsamkeit uns auch in der heutigen Zeit noch immer bringen kann – ein Geschenk, das uns, genau wie Hiob, zu einem Wissenden macht und uns für immer im Herzen Gottes leben lässt. Daher wird Hiob in der christlichen Tradition und auch im Islam als Heiliger verehrt.

## Die Einsamkeit von Jesus Christus in Gethsemane

Auch in der Lebensgeschichte von Jesus Christus in den Evangelien kommt die Einsamkeit auf ganz eindringliche Weise zur Sprache. Nachdem er mit seinen Jüngern im Ordenshaus der Essener in Jerusalem das letzte Abendmahl gefeiert hatte, geht Jesus Christus mit seinen Jüngern nach Gethsemane, zu einem Olivenhain am Hang des Ölberges. Als sie dort ankommen, ist es dunkel. Das helle Licht des Mondes scheint auf die silbergrauen Blätter der Olivenbäume. Dann berichtet die Bibel Folgendes:

„Und er sprach zu seinen Jüngern: 'Setzet euch hier, bis dass ich dorthin gehe und bete.' Und nahm zu sich Petrus und die zwei Söhne des Zebedäus und fing an zu trauern und zu zagen. Da sprach Jesus zu ihnen: 'Meine Seele ist betrübt bis an den Tod; bleibet hier und wachet mit mir!' Und ging hin ein wenig, fiel nieder auf sein Angesicht und betete und sprach: 'Mein Vater, ist es möglich, so gehe dieser Kelch von mir; doch nicht, wie ich will, sondern wie du willst!' Und er kam zu seinen Jüngern und fand sie schlafend und sprach zu Petrus: 'Könnt ihr denn nicht eine Stunde mit mir wachen?'"[24]

Woran litt Jesus Christus während seines Gebetes, und warum ist er so schwer betrübt? Weil ihm in jenem Moment der Tod drohte, während seine Mission noch nicht erfüllt war – nämlich der erste Mensch zu werden, in dem das Höhere Selbst vollkommen verwirklicht wurde.

Doch was ist nun eigentlich mit diesen wenigen Worten gemeint, die auf den ersten Blick so unverständlich sind? Um sie begreifen zu können, müssen wir wissen, dass drei Jahre zuvor, bei der Taufe im Jordan, der kosmische Christus im Menschen Jesus inkarniert war. Der kosmische Christus war das Wesen der vollendeten Liebe, ein göttliches Wesen, das auf die Erde herabgestiegen war, um sich selbst den Menschen zu schenken. „Sich selbst", das heißt, dass es kommen wollte, um ihnen (den Keim für) ihr Höheres Selbst, auch „Höheres Ich" oder „Geist im Menschen" genannt, zu bringen. Um dies zu ermöglichen, musste es im größten aller Menschen inkarnieren, um auf diese Weise den Menschen gleich zu werden. Nur dann konnte es nämlich als menschliche Kraft in unsere Seele und in unsere Herzen einziehen.

Ab dem Moment der Taufe musste der Christus zunächst den ganzen Körper und die ganze Seele des Menschen Jesus umformen und „verchristlichen". Erst als dieser Prozess vollzogen war, konnte der erste verwirklichte (oder 'verchristlichte') Mensch auf Erden geboren werden, ein vollendeter Mensch, der nur noch Liebe sein würde.

Jesus Christus wusste: Sobald dies einem Menschen – also ihm selbst – gelingen würde, würde dies (in ferner Zukunft) der gesamten Menschheit möglich werden. Doch damals, im Garten Gethsemane, drohte die Verwirklichung des hohen Ziels zu missglücken, weil Jesus Christus zu sterben drohte, kurz bevor seine hohe Mission vollständig erfüllt war. Ein ganz kleiner Teil seines physischen Körpers war nämlich in jenem Moment noch nicht von der Christus-Energie durchdrungen. Das bedeutete, dass die Menschheit ihm nicht hinterherwachsen konnte, um durch viele Inkarnationen hindurch ebenfalls zu einem Wesen von vollkommener Liebe zu werden, wenn er in jenem Moment sterben sollte. Anders formuliert: In jenem so entscheidenden Moment in Gethsemane stand die Zukunft der gesamten Menschheit auf dem Spiel. Das erkannte Jesus Christus bis in die tiefsten Tiefen seines Herzens und seiner Seele – und daher litt er so sehr.

Doch in jener entscheidenden Stunde schliefen seine Jünger – sie begriffen überhaupt nicht, was ihr Meister durchlebte. Sie verstanden weder seine Einsamkeit noch welch harten geistigen Kampf er austrug. Niemals hatte ein Mensch eine tiefere Einsamkeit gekannt als Jesus Christus in jenem Moment. Glücklicherweise, so berichtet Lukas in seinem Evangelium, stieg am Ende jenes feurigen Gebets ein Engel zur Erde hinab, der Jesus Christus neue Kraft schenkte, so dass er doch sein Werk fortsetzen konnte.

Auch in dieser beeindruckenden biblischen Geschichte beginnt etwas vom Grundmuster der Einsamkeit aufzuleuchten, dass nämlich Hilfe und Unterstützung erst dann kommen, wenn der Mensch seine Einsamkeit bis in die tiefsten Abgründe durchlebt hat. Erst wenn wir vollkommen machtlos geworden sind, keine Mauern mehr um uns herum haben und uns nur noch an Gott wenden können, um ihn um Hilfe zu bitten, erst dann kommt unerwartet Hilfe, die es uns ermöglicht, unseren Weg fortzusetzen. Denn dank des Engels, der gekommen war, und der neuen Energien, die dieser ihm schenkte, starb Jesus Christus nicht in Gethsemane, sondern konnte seinen Weg fortsetzen und seine hohe Mission am nächsten Tag vollenden: Er hing am Kreuz und wurde damit der erste vollkommen verchristlichte Mensch.

## Die Verherrlichung Jesu Christi

Es gibt noch einen zweiten Moment, in dem Jesus Christus die Einsamkeit ganz intensiv erfuhr – und das ist das dritte Beispiel aus der Bibel, das ich anführen möchte. Es geschah während der Kreuzigung Jesu Christi, kurz vor seinem Tod. In der Bibel heißt es hierzu: „Und um die neunte Stunde schrie Jesus laut und sprach: 'Eli, Eli, lama sabachtani?' Das heißt: 'Mein Gott, mein Gott, warum hast du mich verlassen?'[25]

Gegen 12 Uhr mittags wurde es allmählich rabenschwarz in Jerusalem. Drei Stunden später, also um drei Uhr nachmittags (um die neunte Stunde also), rief Jesus Christus mit lauter Stimme vom Kreuz herab. Im Text heißt es: „Er schrie laut." Das ist recht auffällig, denn Jesus Christus verstarb kurz darauf, völlig erschöpft und total geschwächt. Man würde also eindeutig erwarten, dass in dem Text etwas in der Art stehen würde, wie, dass Jesus Christus mit schwacher oder gebrochener Stimme rief. Wenn trotz allem von einer mächtigen Stimme die Rede ist, will uns dies etwas Besonderes sagen. Mit diesen Worten wird uns ein Geheimnis offenbart.[26]

Um welches Geheimnis es sich handelt, machen die Worte von Jesus Christus selbst deutlich. Er rief: „Eli, Eli, lama sabachtani." Dies sind hebräische Worte. Sie bedeuten: „Mein Gott, mein Gott, warum hast du mich verlassen?" Es gibt aber auch alte Handschriften, die sagen, dass da etwas anderes stand und Jesus Christus etwas anderes rief. Es sind sogar die zuverlässigsten Handschriften, die das sagen; Handschriften, die die Bibelübersetzer in vielen anderen Fällen ernst nahmen und von welchen sie im Zweifelsfall den Text übernommen haben. Gemäß dieser Handschriften rief Jesus Christus: „Eli, Eli, lama asafthani." Das bedeutet: „Mein Gott, mein Gott, was hast du mich verherrlicht."[27]

Dies sind in der Tat mysteriöse und merkwürdige Worte, wenn man sie zum ersten Mal hört; denn wie kann Jesus Christus, der Gekreuzigte, in dem Moment, da er den Kreuzestod sterben soll, von Verherrlichung sprechen? Das erscheint unvorstellbar. Und er kann es dennoch, denn der Christus, oder das Höhere Selbst von Jesus, hat in jenem Moment den gesamten physischen Leib Jesu bis ins Knochenmark hinein umgeformt und transformiert. Einen Tag zuvor noch, in Gethsemane, drohte er zu sterben, bevor seine Mission auf Erden vollzogen und er der erste verwirklichte und vollendete Mensch auf Erden geworden war. Wir sahen, wie bei diesem Ereignis die Zukunft der Menschheit auf dem Spiel stand, weil Jesus Christus vorzeitig zu sterben drohte. Doch nun, am Kreuz, darf er endlich erleben, dass seine große Mission voll und ganz erfüllt ist und der Mensch nun eine neue Zukunft erhält: Er darf ab jenem Moment Jesus Christus Schritt für Schritt hinterherwachsen, um einst, genau wie Jesus auch, zu einem vollkommen verwirklichten Menschen zu werden. Daher kann Jesus Christus nun auch in Frieden sterben. So wurde der Weg Jesu Christi durch die tiefste Finsternis der Einsamkeit zu einem Geschenk, das ganz der Menschheit zugute kommt.

Auch hier sehen wir wieder das Grundmuster der Einsamkeit: Jesus Christus musste die äußerste Einsamkeit am Kreuz durchleben. Gott greift nicht ein und nimmt ihm das bittere Leid nicht ab. Doch gerade durch jenes Leid vollzieht sich das geheime Wunder, dass nämlich auch der letzte Rest des physischen Leibes Jesu Christi umgewandelt und verchristlicht wurde. Daher wird seine Einsamkeit zur Verherrlichung.

# 6.

# Unsere Geburt auf Erden – ein Sturz in die Einsamkeit

## Depressive Gefühle nach dem Geschlechtsverkehr

Auf Erden sind wir immer ein wenig einsam. Man kann beispielsweise den anderen niemals ganz verstehen, und der andere kann uns umgekehrt ebenso wenig begreifen. Das bedeutet, dass man mit vielen Gefühlen oder Erfahrungen allein dasteht, weil man sie nicht mit anderen teilen kann. Man selbst kann sich ja auch nicht in jeder Hinsicht in den anderen einfühlen, umgekehrt kann der andere uns nicht alles nachfühlen. Außerdem gehen wir alle unseren eigenen Weg – einen Weg, der einzigartig und anders ist als der anderer Menschen – allesamt Erfahrungen, die uns einsam machen können. Vielsagend ist auch, dass wir allein geboren werden und allein sterben.

So gesehen ist Einsamkeit auf Erden in gewissem Sinn etwas ganz Normales. Man kann hier nämlich niemals ganz eins mit dem anderen werden, nicht einmal bei der sexuellen Vereinigung. Wissenschaftler haben festgestellt, dass Menschen sich nach einem sexuellen Akt depressiv oder trübsinnig fühlen können. Das kommt so oft vor, dass dafür sogar ein eigener Begriff geprägt wurde: „Postkoitale Dysphorie". Das bedeutet: „Eine trübsinnige Stimmung nach dem Koitus." So können wir auf der Website *bedmanieren.nl* lesen: „Trübe Stimmung nach dem Sex wird längst nicht immer durch einen enttäuschenden Sexualpartner, zu wenig Intimität oder dadurch verursacht, dass Frauen während des Sex sexuelle Beschwerden haben, wodurch sie vielleicht die Nase voll haben oder sich schuldig fühlen. Meist überkommt uns dies aus heiterem Himmel."[28]

Es stellt sich die Frage: „Warum taucht ein solches Gefühl 'wie dahergeflogen' auf?" „Warum verfallen so viele Menschen nach dem Geschlechtsverkehr ein wenig in Trübsal?" Ich persönlich bin zu der Überzeugung gekommen, dass diese Trübsinnigkeit sie überfällt, weil die sexuelle Vereinigung sie für einen kurzen Moment – jedoch unbewusst – an die vollkommene Vereinigung erinnerte, die wir in der geistigen Welt mit den Engeln erfuhren, die wir hier auf Erden so schmerzlich vermissen. Anders formuliert: Einen kurzen Augenblick lang fühlen sich die Menschen bei der sexuellen Vereinigung eins mit dem anderen – ein Einssein, bei dem sie (unbewusst) an das liebevolle Einssein denken, das sie in der geistigen Welt mit ihrem geliebten Partner erfuhren. Doch nach der sexuellen Vereinigung gehen sie – auch im wörtlichen Sinne – wieder hinaus, und es stellt sich heraus, dass dieses Gefühl des Einsseins nicht von Dauer ist. Der Sturz aus dem Einssein in die Welt der Trennung lässt sie trübsinnig werden.

Was ich soeben beschrieben habe, ist für viele – so hat es sich mir erschlossen – überraschend und neu. Für uns ist es auf Erden nämlich so selbstverständlich, Einsamkeit zu empfinden, dass wir überhaupt nicht darüber nachdenken, ob es in der geistigen Welt, in der wir vor unserer Geburt gelebt haben und nach unserem Tod wieder hingehen werden, ganz anders ist: Dort gibt es keine Einsamkeit, außer in den niederen geistigen Welten. Wie ist das möglich?

## Das Geheimnis der Umstülpung

Das rührt daher, weil wir nach unserem Tod den Prozess der „Umkehrung" oder „Umstülpung" durchlaufen: Alles, was hier auf Erden in uns lebt – in unserer Seele – wandert in der geistigen Welt nach unserem Tod mit der Zeit langsam nach außen und löst sich von uns. So lösen sich nach unserem Tod zuerst *unsere Erinnerungen,* dann *unsere Gedanken* und am Ende *unsere Gefühle* von uns und werden dort zu lebendigen, farbigen Wesen, die sich außerhalb von uns bewegen. Das ist an sich ein faszinierender Prozess, den wir inzwischen schon so viele Male durchlebt haben. Stellen Sie sich einmal vor, wie Sie kurz nach Ihrem Tod sehen, wie sich all Ihre Erinnerungen als lebendige, bunte Bilder um Sie herum bewegen und Sie förmlich umkreisen. Überall, wo Sie nur hinschauen, sehen Sie diese Bilder. In all diesen Bildern zusammen erkennen Sie das Gesamtbild Ihres soeben hinter Ihnen liegenden Lebens. So vollzieht sich während der ersten drei Tage nach unserem Tod der Rückblick auf unser irdisches Leben.[29]

Doch auch das Umgekehrte erleben wir direkt nach unserem Tod in der geistigen Welt: Was hier auf Erden nämlich außerhalb von uns lebt, wird in der geistigen Welt Schritt für Schritt zu einem Teil von uns selbst – es wird zu unserer inneren Welt. So nehmen wir allmählich unsere geliebten Mitmenschen, die Engel, Christus und den Kosmos in unserem Inneren auf. Sie beginnen nun, unsere innere Welt zu gestalten. Das bedeutet: Wir nehmen die Engel in uns auf und werden dadurch gleichsam eins mit der Engelswelt. Wir nehmen den Kosmos in uns auf und werden zum Kosmos. Wir werden so groß und so unermesslich wie der Kosmos selbst. Wir nehmen Christus in uns auf, werden eins mit ihm und erfahren seine Weisheit und seine Liebe als die eigentliche Welt, die in uns lebt. Diesen Transformations- oder Umbildungsprozess durchleben wir jedes Mal, wenn wir sterben. Wenn wir geboren werden, durchlaufen wir den umgekehrten Prozess der Umkehrung oder Umstülpung. Man braucht hiervor jedoch nicht zu erschrecken: Dies sind Prozesse, die wir nach unserem Tod als ganz selbstverständlich empfinden – genauso wie wir es hier auf Erden als selbstverständlich betrachten, dass wir zunächst ein kleines Kind sind, dann ein pubertierender Jugendlicher, später ein Erwachsener und schließlich ein alter Mensch. Auch dabei handelt es sich ja um langsame Prozesse, die sich ebenso selbstverständlich anfühlen wie kurz nach unserem Tod der Prozess der Umstülpung oder Umkehrung.

## Der Abschied von unserem Engel

Dies alles bedeutet, dass wir vor unserer Geburt mit unserem Engel eins waren und uns eins mit dem Kosmos, der geistigen Welt und den Wesen fühlten, die sie bevölkern. Noch deutlicher: Wir waren der Kosmos, wir waren die Engel, wir waren Christus. Das blieb so bis zu unserer Geburt, auch wenn wir auf dem Weg zu einer neuen Geburt auf Erden uns allmählich von der geistigen Welt entfernten und begannen, uns mehr und mehr auf die Erde auszurichten. Wir spürten auch, wie unser eigenes Wesen langsam zusammenzuschrumpfen begann und allmählich immer kleiner wurde. Doch erst bei unserer Geburt verbanden wir uns definitiv mit unserem neuen physischen Körper – und folglich mit der Erde – und verließen die Geborgenheit der geistigen Welt.

Das bedeutet auch, dass unser Engel sich erst dann, im Moment unserer Geburt, definitiv aus unserem Inneren löste und zu einem Wesen außerhalb von uns wurde. Dieser Austritt unseres Engels aus unserem Inneren bedeutete natürlich einen großen, tiefgreifenden Verlust. Man könnte auch sagen, dass diese Umformung bei unserer Geburt wirklich ein Sturz aus der Geborgenheit der geistigen Welt war.

Wenn man einem neugeborenen Kind in die Augen schaut, kann man darin eine unvorstellbare Liebe, Reinheit und Weite sehen. Es ist, als ob man die Weisheit des Kosmos darin noch sehen kann, als würde man direkt in die Augen des Engels des Kindes blicken, weil seine Liebeskräfte noch so spürbar durch die Augen des Kindes hindurchstrahlen. Doch schon sehr bald ebbt diese Reinheit allmählich ab, als ob sie sich in eine andere, höhere Welt zurückzieht – und nach ein paar Tagen sieht man kaum mehr etwas davon.

## Der Urschrei

Der Abschied von unserem Engel, vom Kosmos und von Christus wiegt umso schwerer für das neugeborene Kind, weil seine neuen, irdischen Lieben – seine Eltern, Geschwister, Oma und Opa – hier auf Erden Geliebte außerhalb von ihm selbst sind. Daher durchläuft ein Kind, wenn es geboren wird, eine tiefe Einsamkeit: Die alte Liebe (die in seinem Inneren lebte) fällt weg, die neue, irdische

Liebe (die von außen kommt) muss es sich noch aneignen. Daher besteht die erste Aufgabe eines jeden Menschenkindes, das geboren wird, darin, sich zuerst diese andere, irdische Liebe anzueignen. Es muss lernen, auf diese Liebe, die von außen kommt, zu vertrauen. Es muss lernen, damit umzugehen und daran zu glauben.

Aus diesen Gründen beginnt das Leben eines jeden Kindes immer mit einem Schrei. Es hängt von dem Baby ab, ob es minutenlang schreit oder nach einem einzigen Schrei schon wieder ruhig ist. Meist sagt man: Mit diesem Urschrei werden seine Lungen aktiviert. Seine Brustmuskulatur und sein Zwerchfell kommen in Bewegung, es saugt seine Lungen mit Luft voll und beginnt zu atmen – und natürlich ist das auch so.

Der Schrei des Kindes ist allerdings natürlich auch ein Schrei über den Verlust der Geborgenheit der geistigen Welt und seines Engels. Es ist Ausdruck eines heftigen Schrecks über den Übergang von einer lichterfüllten, liebevollen Welt in eine Welt, die sich im ersten Moment so kalt und so einsam anfühlt. Unsere Geburt ist folglich wirklich ein Sturz in die Einsamkeit. Doch diese Einsamkeit hat, wie wir in den folgenden Kapiteln sehen werden, einen tieferen Sinn.[30]

## Postnatale Einsamkeit

Junge Mütter berichten zurzeit mit großer Regelmäßigkeit über ihre „postnatale Einsamkeit", wie ihre Einsamkeitsgefühle nach der Entbindung bezeichnet werden. Eine Studie hat ergeben, dass sich 60% der Mütter mit kleinen Kindern gelegentlich einsam fühlen. Ein auffallend hoher Prozentsatz, der die Frage aufwirft, wodurch diese Einsamkeit eigentlich verursacht wird. Auf verschiedenen Webseiten für junge Mütter heißt es unter anderem, dass diese Einsamkeit entsteht, weil die Mutter ab dem Moment, da ihr Baby in ihren Armen liegt, niemals mehr allein ist. So erzählt eine junge Mutter: „Vor der Geburt deines (ersten) Kindes konntest du 24 Stunden am Tag an 7 Tagen in der Woche tun und lassen, was du wolltest. Du bist mit dem Fahrrad auf eine Tasse Tee zu einer Freundin gefahren. Mit der zweiten Freundin hast du dich in der Kneipe getroffen und mit Freundin Nummer drei bist du eine Partie Tennis spielen gegangen. Du hast noch einen Umweg auf einen Sprung in die Sauna mit Freundin Nummer vier gemacht, bevor du zur fünften Freundin weitergefahren bist. Mit deinem Mann bist du dann noch durch Stadt und Land gezogen, um viele weitere soziale Kontakte zu knüpfen."[31]

Außerdem, so sagen junge Mütter, ist die Einsamkeit, die sie erleben, die Folge der Tatsache, dass man für sein kleines Kind alles so gut wie möglich machen und keine Fehler begehen möchte. Man ist so intensiv mit dieser Aufgabe beschäftigt, dass man sich selbst hintanstellt und zu wenig Ruhe und Entspannung abbekommt. Das führt zu Einsamkeitsgefühlen.

Doch es gibt noch eine dritte Ursache – nämlich die Tatsache, dass junge Mütter unbewusst die Einsamkeit ihres neugeborenen Kindes spüren, die durch dessen Sturz in die Einsamkeit der irdischen Welt verursacht wurde. Die Mütter empfinden dies gleichsam so, als sei dies ihre eigene Einsamkeit. Mutter und Kind sind nämlich noch so eins, dass es schwierig ist, zwischen den eigenen Gefühlen und solchen zu unterscheiden, die das Kind mitbringt. Dies spüren zu können, ist ganz klar eine neue Fähigkeit, über die diese jungen Mütter in unserer heutigen Zeit verfügen. Doch woher kommt diese neue Fähigkeit?

Um dies verstehen zu können, müssen wir wissen, dass die Menschheit in der heutigen Zeit die Fähigkeit entwickelt, etwas von den Erfahrungen eines geliebten verstorbenen Menschen (insbesondere in den ersten drei Tagen nach dessen Tod) zu verspüren und in gewisser Weise selbst mitzuerleben. Mit sicherer Regelmäßigkeit berichten Menschen, die einen geliebten Mitmenschen verloren haben, dass sie sich in den ersten drei Tagen nach dessen Tod nahezu euphorisch glücklich gefühlt haben, fast so, als hätten sie sich in einer Art Ekstase befunden. Dies empfanden sie selbst ganz befremdlich – sie sollten ja gerade ganz traurig sein und sich völlig allein fühlen. Doch das Gegenteil war der Fall. Das rührte daher, weil sie etwas von der Freude miterleben durften, die der Verstorbene im neuen Leben auf der anderen Seite des Todes erfuhr. Langsam ebbten diese Gefühle dann (beim Hinterbliebenen) wieder ab, und es brach der echte Kummer aus. Doch sie würden, so berichteten sie, niemals jene Gefühle der Ekstase vergessen, auch wenn sie nicht verstanden, woher diese kamen.

Wir sehen an diesem Beispiel, wie sich die Grenze zwischen der irdischen und der geistigen Welt etwas mehr zu öffnen beginnt. Anders formuliert: Die Grenze zwischen diesen beiden Welten ist etwas weniger hermetisch abgeriegelt und nicht so absolut verschlossen, wie es viele, viele Jahrhunderte lang der Fall gewesen war. Das merken wir beispielsweise auch an verschiedenen anderen Erfahrungen, welche die Menschen in der heutigen Zeit machen, wie etwa Nahtod-Erfahrungen, Begegnungen mit einem Engel, Kontakt mit Verstorbenen sowie eine Christus-Erscheinung.

Doch nicht nur am Ende des Lebens wird die Grenze zwischen beiden Welten etwas transparenter – das Gleiche gilt auch für den Beginn des Lebens. Werdende Mütter leben mit ihrer Seele teilweise in der geistigen Welt, wo ihr kleines Kind noch ist. Gemeinsam mit ihrem Kind steigt ihre Seele bei der Geburt zur Erde hinab. Daher kommt es, dass junge Mütter, die natürlich mit ihrer ganzen inneren Aufmerksamkeit und Liebe auf ihr Kind ausgerichtet sind, die Einsamkeit spüren können, die ihr Kind bei der Geburt durchlebt. Weil dies jedoch natürlich noch so neu ist und die Mütter mit ihrem Kind noch so eins sind, verstehen sie nicht, dass die Einsamkeit, die sie erleben, nicht ihre eigene Einsamkeit ist, sondern die ihres Kindes.

Auch diese Einsamkeit, die postnatale Einsamkeit der jungen Mütter, zeigt, dass die Geburt eines Kindes im Grunde genommen ein Sturz in die Welt der Einsamkeit ist.

## Was wir von Naturvölkern lernen können

Wer kennt nicht die Fotos von südamerikanischen Frauen mit einem kleinen Kind auf dem Rücken, oder von Afrikanerinnen, die ihr Baby auf dem Rücken tragen? Im Kulturkreis dieser Mütter werden Kinder immer getragen – das ist für jeden selbstverständlich. Es kann den Kindern nichts passieren, solange sie bei Mama auf dem Rücken schlafen oder in der Gegend herumschauen. Auch kann die Mutter sich in aller Ruhe ihren täglichen Beschäftigungen widmen. So tun diese südamerikanischen und afrikanischen Mütter etwas, was Frauen auf der ganzen Welt schon seit unzähligen Jahrhunderten tun.

Das tun sie übrigens nicht nur während der ersten Monate – die Naturvölker tragen ihre Kinder bis zum vierten Lebensjahr am Körper. Warum? Es vermittelt dem Kind tiefes Vertrauen, wenn es die direkte Verbindung mit dem Körper seiner Mutter spürt und dort seine Emotionen erleben darf, ohne dass diese sofort besänftigt werden. Ein Baby, das während der ersten Monate seines Lebens – wie dies bei uns in Europa der Fall ist – schon nachts in einem eigenen Zimmer und im Kinderwagen ausharren muss, wird sich an diese Umstände anpassen und sein Bedürfnis unterdrücken, (ständig) festgehalten zu werden. Doch es ist verständlich, dass diese Erfahrung im späteren Leben des Kindes zu psychischen und sogar körperlichen Problemen führen kann.

Auffallend und vielsagend ist die Tatsache, dass Kinder bei Naturvölkern viel weniger weinen (halb so viel, heißt es) und es keine „Schreikinder" gibt. Warum ist das so? Warum kennen wir in unserer Kultur Schreikinder? Warum weinen unsere Kinder doppelt so viel wie die von Naturvölkern?

## Naturvölker wussten es noch …

Nach seiner Geburt muss jedes Kind lernen, mit der irdischen Liebe umzugehen. Das ist nicht leicht und muss auch wirklich erlernt werden; denn die irdische Liebe kommt von außen, und wir sind hier nicht automatisch in vollkommener Liebe eins mit dem anderen, wie dies in der geistigen Welt der Fall war. Das Kind muss daher zuerst lernen, auf diese andere Liebe zu vertrauen, die es nun außerhalb von sich selbst entdecken muss, mit der es lernen muss umzugehen und daran zu glauben. Es ist für das Kind viel leichter, diese bestimmt nicht einfache Aufgabe zu erfüllen, wenn es doch noch so etwas wie eine Einheit mit der Mutter oder dem Vater erfährt – das Einssein, das ihm durch das Tragetuch und den direkten Hautkontakt mit der Mutter geschenkt wird. Dieser Hautkontakt und diese direkte Verbindung helfen dem Kind dabei, allmählich mit dieser anderen, irdischen Liebe vertraut zu werden, die von außen kommt. Man könnte auch sagen: Das Tragetuch und der Hautkontakt bilden gleichsam den Übergang von der inneren Liebe aus der geistigen Welt hin zur irdischen Liebe, die von außen kommt. Daher weinen Kinder in einem Tragetuch weniger und haben weniger Stress. Auch leiden sie weniger unter Einsamkeit. Ich vermute auch, dass diese Kinder später seltener an ADHS und ähnlichen Störungen leiden.

Persönlich finde ich es sehr beeindruckend, dass Naturvölker intuitiv und aus einer inneren Verbindung mit der geistigen Welt heraus wussten, dass ihre Kinder an der Brust oder auf dem Rücken getragen werden mussten – und zwar jahrelang! – um zu lernen, sich auf Erden sicher und geborgen zu fühlen und auf die irdische Liebe zu vertrauen. Sie wussten folglich noch, unbewusst und intuitiv, dass die Liebe in der geistigen Welt anders ist und Kinder daher viel Zeit und Geborgenheit benötigen, um sich an die irdischen Verhältnisse zu gewöhnen. Doch immer mehr junge Mütter beginnen in der heutigen Zeit intuitiv eben dies zu spüren. So sagte eine Mutter kürzlich: „Kinder haben von Natur aus einen Hauthunger." Eine andere Mutter sagte: „Mein Baby ist unruhig, wenn es nicht bei mir ist. Ich merke, dass es sich dann unruhig fühlt. Dann weint es auch mehr." Aufgrund dieser Erfahrung benutzte sie immer öfter ein Tragetuch. Das tat sie übrigens nicht allein: Auch ihr Mann benutzte es regelmäßig.

# 7.

# Warum nimmt Einsamkeit in unserer heutigen Zeit so zu?

## Der große Plan der menschlichen Entwicklung

Im ersten Kapitel dieses Buches sahen wir bereits, dass die Einsamkeit in unserer heutigen Zeit mehr und mehr zu einem Problem wird. In England wurde eine „Ministerin gegen die Einsamkeit" eingestellt, und in den Niederlanden kennen wir seit einigen Jahren die „Woche gegen die Einsamkeit". Das wirft die Frage auf, warum das Gefühl von Einsamkeit in unserer Zeit eigentlich zunimmt und immer mehr zu einem Problem wird? Was steckt dahinter?

Um auf diese Frage eine klare, überzeugende Antwort zu finden, ist es sinnvoll, uns bewusst zu werden, was eigentlich das Besondere an der heutigen Zeit ist. Dem können wir am besten auf die Spur kommen, wenn wir betrachten, welchen Platz unsere Zeit in der Gesamtentwicklung der Menschheit einnimmt. Die Menschheit durchläuft eine allmähliche Entwicklung, und während jeder neuen Epoche oder Kulturperiode macht sie sich damit eine neue Fähigkeit zu eigen. Wenn wir diese Entwicklung betrachten – insbesondere die stufenweise Entwicklung der Seele des Menschen – werden wir besser verstehen, warum die Einsamkeit in unserer heutigen Zeit schlicht und ergreifend zunehmen muss. Wir wollen dazu zunächst den großen Entwicklungsplan der Menschheit seit dem Untergang von Atlantis betrachten.

## Die erste post-atlantische Kultur

Rund um das Jahr 13.000 vor Christus ging Atlantis unter.[32] Diesem definitiven Untergang von Atlantis waren bereits zwei frühere Katastrophen vorausgegangen, die durch Erdverschiebungen, Schwarze Magie und Kriege verursacht worden waren. Die erste Katastrophe fand ca. 39.000 vor Christus statt, die zweite 26.000 vor Christus. Schließlich ereignete sich etwa um 13.000 vor Christus der endgültige Untergang von Atlantis: Atlantis versank im Wasser. Nur der Name „Atlantischer Ozean" erinnert noch an den ehemaligen Kontinent, der zwischen Amerika und Europa im nördlichen Teil des Atlantischen Ozeans lag.

Der Untergang von Atlantis war eine unvorstellbare Tragödie, die in verschiedenen Überlieferungen erhalten geblieben ist. In der Bibel wird dieses Ereignis als „Sintflut" beschrieben – und zwar im ersten Buch Mose. Doch diese Bibelgeschichte ist nur eine von vielen Erzählungen, die weltweit über den dramatischen Untergang von Atlantis kursieren.[33]

So ist in Mesopotamien eine gleichlautende Geschichte im Gilgamesch-Epos niedergeschrieben, einem großen, eindrucksvollen Heldengedicht. In dieser Geschichte wird die Hauptfigur, oder der große Anführer, „Utnapishtim" genannt, in der Bibel hingegen heißt er „Noah". In der traditionellen esoterischen Lehre hat er den Namen „Manu". Dieser große Eingeweihte erhielt von Gott die Aufgabe, ein Schiff zu bauen, in dem er „die Saat von allen lebendigen Wesen" aufnehmen sollte.

Doch auf welche konkreten Ereignisse weisen diese verschiedenen Mythen und Geschichten eigentlich hin? In der esoterischen Tradition wird – wie in der Bibel auch – erzählt, dass eine Gruppe von Atlantern unter der Leitung von Noah, Manu oder Utnapishtim ihren Heimatboden Atlantis verließ. Diese Gruppe zog durch Europa und die Wüste Gobi nach Indien, wo sie letztendlich eine neue Kultur gründete, die auf dem alten atlantischen Wissen fußte. Als Manu sich nach langer Zeit zurückzog, übergab er „seine" Leute in die Obhut der sieben heiligen Rishis – großer Eingeweihter und Anführer der menschlichen Entwicklung. Sie waren es, die den Impuls für das Entstehen der ersten post-atlantischen Kultur gaben – der alt-indischen Kultur.

## Eine neue Fähigkeit: Unser Bewusstsein

Mit der alt-indischen Kultur brachen die sieben post-atlantischen Kulturepochen an. Jede dieser sieben Kulturepochen erstreckte sich über 2160 Jahre – und in jeder dieser sieben Epochen erhielt der Mensch den Auftrag, sich eine neue Fähigkeit anzueignen.

Heute leben wir in der fünften post-atlantischen Kulturepoche: In der germanischen oder europäischen Kulturepoche. Sie begann im Jahr 1413 nach Christus und wird ungefähr bis zum Jahr 3573 nach Christus dauern. Die neue Fähigkeit, die der Mensch sich in dieser Zeit aneignen muss, ist das Bewusstsein. Es wird auch als unsere „Bewusstseinsseele" bezeichnet, denn es geht um einen neuen Aspekt unserer Seele.

Durch diese neue Fähigkeit – also mithilfe unserer Bewusstseinsseele – werden wir zu anderen Menschen, weil wir uns unserer inneren Welt bewusst werden. Aus unserem Inneren steigen Fragen in uns auf: „Wer bist du?" „Wie denkst du?" „Was ist dein Charakter?" „Warum reagierst du so?" Die Bewusstseinsseele lehrt uns folglich, hinter die Dinge zu blicken, und macht uns unsere innere Welt bewusst; doch nicht nur unsere eigene Innenwelt, sondern auch die innere Welt anderer Menschen.

## Das Geschenk der Intuition oder der Inspirationsseele

Doch wie konnte – oder besser gesagt „wie kann", denn wir befinden uns noch inmitten dieser Entwicklung – diese Bewusstseinsseele eigentlich entstehen? Dies wurde durch ein Geschenk aus der geistigen Welt möglich. Von dort wurde – und wird – uns eine bestimmte Intuition übermittelt, die auch „Inspirationsseele" genannt wird. Wenn diese Inspirationsseele in uns aktiv wird und zum Leben erwacht, steigen in uns verschiedenste Gedanken und Ideen auf, die uns mit der Zeit unsere eigene Innenwelt und die unserer Mitmenschen bewusst machen.

Als Folge dieses Impulses aus der geistigen Welt, der uns gleichsam automatisch dazu bringt, diese neue Fähigkeit des Bewusstseins zu entwickeln, wurde Freud um das Jahr 1900 zum Grundsteinleger der modernen Psychoanalyse. Damit gab er uns Werkzeuge an die Hand, die uns dabei halfen, uns unserer Innenwelt beziehungsweise unserer Seele bewusst zu werden. Später entwickelten Jung, Adler und weitere neue Erkenntnisse auf diesem Gebiet.

Viele Menschen sind sich der Tatsache nicht bewusst, dass es noch gar nicht so lange her ist, dass die Psychologie und gleichsam eine Art psychologische (Selbst-) Erkenntnis möglich wurden – und zwar erst seit Beginn des letzten Jahrhunderts. Es fühlt sich für uns so an, als sei uns diese psychologische Erkenntnis immer schon zu eigen gewesen – so schnell ist die Entwicklung des Bewusstseins vonstatten gegangen. Wenn wir zudem noch bedenken, dass die heutige Kulturepoche bis zum Jahr 3573 andauern wird, wird klar, dass wir in der Tat erst ganz am Beginn unserer Bewusstseinsentwicklung stehen und auf diesem Gebiet noch eine eindrucksvolle Evolution vor uns haben.

## Die neuen Fähigkeiten, die uns in der letzten Kulturepoche geschenkt wurden

Die vorangegangene Kulturepoche – die vierte oder griechisch-römische Epoche – dauerte von 747 v. Chr. bis 1413 n. Chr. In jener Zeit hatte der Mensch die Aufgabe, sein Denken auf eine höhere Stufe zu heben und seine Verstandesseele zu entwickeln, wie man in der esoterischen Lehre sagt. Diese neue Fähigkeit empfing der Mensch einerseits als Impuls aus der geistigen Welt, andererseits war dieser Impuls zu einer neuen, höheren Denkweise auch ein Geschenk, das er sich durch praktisches Üben selbst aneignen musste. Letztendlich führte diese neue Gabe am Ende der vierten Kulturepoche – im 15. und 16. Jahrhundert – zur Renaissance, einer Epoche, in der Wissenschaft, Kunst und Literatur dank dieser erhabeneren Denkweise auf eine höhere Ebene gehoben wurden.

Neben der Verstandesseele musste der Mensch in der vierten post-atlantischen Kulturepoche auch noch eine weitere Seelenkraft entwickeln. Diese wird als seine „Gemütsseele" bezeichnet. Die Gemütsseele besteht aus den Empfindungen, die bei uns durch das hervorgerufen werden, was wir wahrnehmen und erfahren. Wir könnten sie auch als die „Seele des Alltagslebens" bezeichnen: Wir lesen einen Bericht in der Zeitung, hören von einem bestimmten Thema im Fernsehen – und das macht uns wütend, glücklich oder traurig. Mit solchen Gefühlen beurteilen wir auch Dinge, die wir lesen, sehen oder hören. Anders gesagt: Wir drücken unsere Gefühle über bestimmte Meinungsäußerungen aus.

Die Gemütsseele enthält auch die Fähigkeit, dass wir uns, wenn wir einem Mitmenschen begegnen, sogleich auf den anderen einstellen und erkennen, wer der andere nun eigentlich ist. In jenen früheren Zeiten – in der vierten post-atlantischen Kulturepoche – wussten die Menschen dadurch gleich, was sie voneinander hielten, ein Verständnis, das sich durch spätere Erfahrungen nicht veränderte. (In unserer heutigen Zeit sieht das ganz anders aus: Wenn wir heute jemanden besser kennen lernen, kann diese Person uns später in unseren Erwartungen enttäuschen. Umgekehrt kommt es vor, dass man sich manchmal über den inneren Reichtum eines Menschen wundert, den man im ersten Augenblick ziemlich uninteressant fand.) So entwickelte der Mensch in der vierten post-atlantischen Kulturepoche sowohl seine Verstandesseele als auch seine Gemütsseele und wurde durch diese neuen Fähigkeiten zu einem anderen Menschen.

## Der Übergang in die fünfte Kulturepoche

Dann kam am Ende der vierten Kulturepoche – etwa um das Jahr 1450 – die Buchdruckkunst auf. Indem ab jenem Zeitpunkt viele Bücher gleichzeitig erschienen, brauchten die Menschen einander weniger als früher, um in verschiedener Hinsicht informiert zu sein: Sie lernten lesen und holten sich ihr Wissen immer mehr aus Büchern. Das war eine tiefgreifende Veränderung, die eine Vorbereitung dessen war, was die neue, fünfte Kulturepoche dem Menschen bringen möchte: das Bewusstsein. Der Mensch braucht durch die Buchdruckkunst die anderen (Priester, Obrigkeiten usw.) weniger als früher und bekommt dadurch den Freiraum, nun seinen Blick auch auf seine innere Welt zu richten. Diese Veränderung ermöglicht es, dass der Mensch beginnt, sich die neue Fähigkeit anzueignen, die ihm in der fünften Kulturepoche geschenkt worden ist.

Diese neue Fähigkeit, das Geschenk der Bewusstseinsseele, führt zu einschneidenden Veränderungen. Weil die Menschen beginnen, sich immer mehr auf ihre eigene innere Welt zu konzentrieren, haben sie weniger Kontakt miteinander und sind auch weniger interessiert aneinander. Die Folge davon ist, dass die Menschen in unserer Zeit einsamer, egoistischer und individualistischer werden. Sie richten ihr Augenmerk vor allem auf ihr persönliches Innenleben und verschließen sich in sich selbst. Dieser Prozess vollzieht sich in unserer Zeit noch immer.

Wir müssen erkennen, dass das Erwachen unserer Bewusstseinsseele sehr wichtig ist. Nur dadurch kann das Höhere Selbst (auch „Höheres Ich" oder „Geist" genannt) in den Menschen geboren werden. Unsere Bewusstseinsseele bildet die Basis für das Höhere Selbst. Auf den Punkt gebracht: Wir müssen durch die Vereinsamung in unserer Zeit (die die Folge unserer Fixiertheit auf die Bewusstseinsseele ist) hindurchgehen, so dass der innere Christus oder das Höhere Selbst in uns geboren werden kann. Unsere Einsamkeit (eine Voraussetzung für die Bewusstseinsentwicklung) ist daher die Wiege für unser Höheres Selbst.

## Die Notwendigkeit, unsere Einsamkeit anzunehmen

Wenn wir diese Gesamtentwicklung im Überblick betrachten, wird deutlich, dass die Einsamkeit unserer heutigen Zeit eine notwendige Begleiterscheinung der Entwicklung unserer Bewusstseinsseele ist. Diese Einsamkeit wird sich weiter verstärken, weil wir noch am Anfang dieser Entwicklung stehen – am Beginn der fünften Kulturepoche, in der wir uns dieser Entwicklung widmen müssen.

Unsere Einsamkeit hat folglich nicht nur eine negative Seite: Sie schenkt uns auch den inneren Freiraum, den wir brauchen, um uns unserer inneren Welt bewusst zu werden und zu lernen, die Kontrolle über eben diese Welt zu erlangen. Doch das gelingt nur dann, wenn wir bereit sind, *unsere Einsamkeit anzunehmen, ihr ins Auge zu schauen und mit ihr zu leben.*[34]

# 8.

# Hat Einsamkeit einen Sinn?

## Wir müssen lernen, die Einsamkeit anzunehmen und ihr auf den Grund zu gehen

Wir haben im vorangegangenen Kapitel festgestellt, dass Einsamkeit Teil unseres heutigen Lebens ist. Folglich wird so gut wie jeder früher oder später in seinem Leben mit diesen Gefühlen des Verlassenseins konfrontiert werden. Einsamkeit ist also keine Strafe und ebensowenig unser eigenes Verschulden, sondern sie gehört zu den Lebenslektionen, die wir in der heutigen Zeit und in diesem Leben präsentiert bekommen.

Dabei ist es – wenn man eine Phase der Einsamkeit durchmacht – wichtig, nicht zu warten, bis die Einsamkeit von selbst verschwindet – das wird sie nämlich niemals von selbst tun. Darüber hinaus ist es wichtig, nicht abzuwarten, bis andere auf Sie zukommen, um Ihre Einsamkeit zu lindern oder diese gar aufzulösen. Auch das wird nicht geschehen. Außerdem sollten Sie – auf der Flucht vor der Einsamkeit – nicht alle möglichen Beziehungen eingehen, die im Grunde nicht gut für Sie sind. Doch was sollten Sie dann mit

Ihrer Einsamkeit tun? Sie müssen zuerst einmal die Einsamkeit akzeptieren und die Verantwortung dafür auf sich nehmen. Daraufhin müssen Sie selbst aktiv werden, um etwas daran zu ändern. Doch was sollten Sie dann tun? Die gut gemeinten Ratschläge, dass Sie etwas mehr aus sich herausgehen, ehrenamtlich tätig oder Mitglied in einem Sportverein werden sollten, helfen nicht wirklich, wie jeder weiß, der Einsamkeit schon einmal selbst durchgemacht hat.

Sie müssen zuerst einmal lernen, die Einsamkeit zu akzeptieren. Dies ist nicht leicht, denn es bedeutet, dass Sie die Leere akzeptieren, das Gefühl von Verlorenheit und Kälte, mit welchen die Einsamkeit so oft einhergeht. Sie dürfen sich nicht (mehr) den dunklen Gefühlen widersetzen und auch nicht mehr versuchen, diesen zu entfliehen, sondern müssen akzeptieren, dass diese mit zu Ihrem Leben gehören – zumindest in diesem Lebensabschnitt. Akzeptieren bedeutet dabei nicht eine Art passive Resignation, nach dem Motto: „Man kann ja doch nichts dagegen tun, ich werde die Einsamkeit wohl aussitzen müssen." Im Gegenteil: Akzeptieren bedeutet, dass man die heutige Situation – und damit die Einsamkeit – als Ausgangspunkt für den nächsten Schritt und eine weitere Entwicklung nimmt. Marieke de Vrij formuliert es kurz und bündig folgendermaßen: „Resignation verwandelt sich in aktive Hingabe."[35]

Erst wenn man innerlich diesen Schritt zur Akzeptanz getan hat, wird es möglich, die Einsamkeit in ihrer Tiefe zu ergründen. Das bedeutet, zu lernen, auf die höheren Einsichten zu lauschen, die nur in dieser Stimmung von Hingabe in uns geboren werden können. Daher besteht der nächste Schritt, der auf die Akzeptanz hin folgt, darin, uns die Botschaften bewusst zu machen, die uns aus dem tiefsten Grund unseres Wesens mitgeteilt werden wollen.

## Nicht nur negativ

Doch wie ist es möglich, dass in uns höhere Erkenntnisse geboren werden, wenn wir unsere Einsamkeit akzeptieren? Das ist möglich, weil tiefe Einsamkeit unsere Scharfsinnigkeit verstärkt, ebenso wie unsere Sensibilität und unsere Menschlichkeit. Durch die zunehmende Empfindsamkeit werden uns Regungen in unserer Seele bewusst, die wir im normalen Alltagsleben ansonsten niemals bemerkt hätten. Indem wir diese stillen Regungen aufmerksam und konzentriert im Blick behalten, werden wir bemerken, dass diese hin und wieder zur Inspiration werden – ja sogar zu höherem Wissen. Natürlich muss man hierfür Geduld haben – viel Geduld und Durchhaltevermögen. Doch wenn Sie sich darin üben und die Einsamkeit annehmen, werden Sie eines Tages feststellen, dass in Ihrem Inneren ab und zu eine Stille eintritt, die sich wie eine Umhüllung mit heiliger Stille anfühlt. In dieser Stille treten nach einiger Zeit nahezu unmerklich, wie ein Schmetterling daherschwebend, Überlegungen zutage, die Antwort auf Fragen geben, die Sie niemals gestellt haben. Fragen wie: „Wer bin ich eigentlich? Wie lautet die Mission, für die ich zur Erde gekommen bin? Was habe ich bisher bereits gelernt und was muss ich noch besser lernen?" Dank dieser Fragen und der hauchzarten Regungen in Ihrer Seele, die offensichtlich eine Antwort auf diese Fragen geben, beginnen Sie, Ihr eigenes Wesen zu ergründen – tiefer und intensiver, als Sie dies jemals zuvor getan haben.

Glauben Sie nicht, dass Sie während dieses Prozesses keine Tränen kennen – im Gegenteil. Ebenso wie Sie durch diesen Prozess des Akzeptierens auch ganz intensiv die Gefühle von Verlorenheit erfahren werden. Doch inmitten dieser Tränen und Gefühle von Verlorenheit werden Sie allmählich die leise Regung Ihrer Seele bemerken, die Ihnen mit ihren Antworten auf nicht gestellte Fragen einen tiefgründigeren, höheren Einblick in Ihr eigenes Wesen schenkt. Dadurch können Sie auf die Entdeckung stoßen, dass Einsamkeit nicht nur negativ ist, sondern auch positive Aspekte kennt.

## An der Grenze zwischen zwei Welten

Jemand sagte einmal: „Nicht die Einsamkeit an sich ist eine Bedrohung für den Menschen, sondern die Angst vor der Einsamkeit. Angst treibt den Menschen immer wieder zur Flucht." Eine Aussage wie diese macht deutlich, dass es kein leichter Schritt ist zu lernen, die Einsamkeit zu akzeptieren und nicht länger davor zu flüchten. Manche tun dies über Jahre hinweg, manchmal ein ganzes Leben lang, bevor sie imstande sind, diesen Schritt zu tun. Doch wenn Sie diesen Schritt dann endlich vollziehen, werden Sie etwas ganz Besonderes erfahren, dass Sie nämlich, wenn Sie Ihre Tränen, den Schmerz, die Ohnmacht und damit folglich die Einsamkeit akzeptieren, beginnen, gleichsam in zwei Welten zugleich zu leben. Es ist, als löse man sich irgendwie ein wenig vom irdischen Alltagsleben, während die geistige Welt näher zu rücken scheint und uns spürbar zu umhüllen beginnt.

An sich ist das logisch: Durch eine heftige, schmerzhafte Erfahrung, einen Verlust, Kummer oder ein anderes beliebiges Trauma lösen sich unsere geistigen Körper immer ein wenig von unserem physischen Körper. Normalerweise liegen sie eng an unserem physischen Körper an, so wie ein Taucheranzug bei uns straff am Körper sitzt. Doch durch den Schock einer heftigen Erfahrung beginnt dieser Anzug, also diese geistigen Körper, ein wenig zu schlottern – sie sitzen lockerer. Immer, wenn dies geschieht, wird es dem Menschen möglich, hellsichtige Erfahrungen zu machen oder hinter die Dinge zu blicken. Ein Hellsichtiger ist somit auch jemand, bei dem die geistigen Körper ein wenig lockerer sitzen als beim Durchschnittsbürger. So kann es geschehen, dass wir durch den Schmerz der Einsamkeit (und ganz sicher dann, wenn diese durch einen unerwarteten Verlust in unser Leben getreten ist) – lernen, hinter die Dinge zu blicken und Inspirationen aus unserem Inneren zu empfangen, die wir ansonsten normalerweise niemals wahrgenommen hätten.

## Die Inspirationen unserer Seele

Doch um welche Inspirationen handelt es sich denn dabei? Immer wieder, wenn Menschen darüber berichten möchten, geraten sie ins Stocken oder beginnen zu stottern. „Ich weiß nicht, wie ich es beschreiben soll, denn es gibt eigentlich keine Worte dafür", sagte ein Mann, der seine Frau verloren hatte, um kurz darauf hinzuzufügen: „Es war auf einmal so, als würde der Schleier weggezogen, und ich sah und spürte, wie ich mein ganzes Leben lang getragen und geführt worden war. Ich sah den Engel, der mich trug; ich sah die Liebe, mit der ich umhüllt wurde. Von jenem Moment an spüre ich in mir einen tiefen Frieden, auch wenn ich mich ganz oft einsam fühle. Und doch ist es jetzt anders."

Ein anderer, der jahrelang an gesundheitlichen Problemen litt und dadurch sehr einsam geworden war, erzählte: „Ich sah plötzlich, wie dieses Leben in eine ganze Reihe von Leben eingereiht ist, in welchen ich immer wieder versucht habe, auf dem Weg des geistigen Wachstums einen Schritt weiter zu kommen. Ich sah auch, dass Fehler und Ausrutscher gar nicht schlimm sind, sondern uns einfach Gelegenheit geben, zur Erkenntnis zu kommen und bewusster zu werden. Dadurch begriff ich plötzlich, dass dieses Leben, in dem ich so gehandicapt bin, einen tiefen Sinn hat."

Ein weiteres Beispiel für solch eine unaussprechliche Erfahrung ist dieser kurze Text:

*Du*
*Und in der Nacht*
*so unerwartet: Du.*
*Du hattest mich in deinem Schoß geborgen.*
*Hattest mich mit Liebe gelabt,*
*Hattest mich erquickt.*

*Getröstet trug ich*
*an jedem neuen schweren Tag*
*das Strahlen deiner Liebe*
*bei mir.*[36]

Wir können somit auch sagen, dass das Akzeptieren und Durchleben der Einsamkeit zu einer erleuchtenden Erfahrung werden kann.

## Ein Schritt, der den erleuchtenden Erfahrungen vorausgeht

Behalten wir jedoch im Auge: Alle diese schönen Worte können für jemanden, der sich mutterseelenallein fühlt und nicht die Kraft zur aktiven Hingabe hat, sondern sich nur mühsam auf den Beinen hält, zu schön und damit völlig unerreichbar erscheinen.

Wenn man nicht mehr über den heutigen Tag hinausschauen kann und jeden Morgen vor sich hinseufzt: „Wie werde ich es nur schaffen, durch diesen Tag zu kommen?", erscheinen erleuchtende Erfahrungen wie eine unerreichbare, nicht greifbare Fata Morgana. Vielleicht ist es daher gut, in einem solchen Fall zunächst einen anderen Schritt voranzustellen, der Ihnen auf Ihrem Weg helfen kann, die Einsamkeit anzunehmen. Dieser erste Schritt besteht darin, Mitgefühl mit sich selbst oder Selbstliebe zu entwickeln – und somit die Dinge zu tun, die Ihnen ein klein wenig dabei helfen, sich in Ihrer eigenen Haut wieder etwas wohler zu fühlen. Wenn Sie es mögen, machen Sie einen Sauna-Besuch und genießen Sie die wohltuende Wärme. Sorgen Sie für eine leckere, gesunde Mahlzeit und decken Sie für sich den Tisch schön, auch wenn Sie allein sind. Zünden Sie Kerzen an, wählen Sie Musik, die Ihre Seele erwärmt und Ihnen gut tut. Kleiden Sie sich in schönen Farben und verwöhnen Sie Ihren Körper.

Auch verschiedenste Formen von Kreativität können Ihnen bei der Suche nach einem stabilen Gleichgewicht helfen: Schreiben Sie auf, was Sie berührt und beschäftigt. Malen Sie oder fertigen Sie eine Zeichnung an, tanzen Sie durchs Haus, wenn Ihnen danach ist, hören Sie Musik, die Ihnen gefällt, und unternehmen Sie jeden Tag einen Spaziergang in der Natur. Manfred Spitzer sagt: „In die Natur hinausgehen hilft. Selbst wenn man alleine loszieht. In der Natur zu sein, schenkt uns ein Gefühl von Verbundenheit mit etwas Größerem. Das ist experimentell bewiesen."[37]

Alle diese Formen von Kreativität helfen Ihnen dabei, allmählich wieder ein wenig mehr zu sich selbst zu finden, zu Ihrem eigenen Kern zurückzukommen. Dadurch werden Sie mit der Zeit fähig, Ihre Einsamkeit zu akzeptieren, so schmerzhaft diese auch ist.

## Verletzbarkeit

Was beim Akzeptieren der Einsamkeit ebenfalls eine wichtige Rolle spielt, ist, zu erkennen, dass die tiefgreifenden Erfahrungen, die Ihre Einsamkeit verursachten, Sie verletzlich gemacht haben. Es ist, als seien die Mauern rings um Ihre Seele herum gefallen und alles würde viel direkter und heftiger auf Sie einströmen als früher. Alle möglichen Formen von Aggression, auch wenn diese überhaupt nicht auf Sie, sondern einen anderen gerichtet sind, und welche Sie früher achtlos übergegangen haben, können Sie durch diese neue Verletzlichkeit spüren, als würde Ihnen ein Messer in die Brust gestochen.

Sie werden daher lernen müssen, wie Sie diese neu entstandene Verletzlichkeit schützen oder wie Sie sich in diesen Situationen selbst schützen können. Dies gelingt nicht, indem Sie wieder neue Mauern um Ihre Seele herum auftürmen. Es gelingt einzig und allein dadurch, dass Sie eine neue, innere Geisteskraft entwickeln, die Ihnen hilft, Situationen zu vermeiden, die nicht gut für Sie sind, und lernen, sich selbst besser zu schützen. So werden Sie ganz langsam geistig stärker werden und lernen, mithilfe Ihrer neu erworbenen Empfindsamkeit auf eine neue Art und Weise im Leben zu stehen.

An diesem Beispiel wird deutlich, dass uns das Durchleben – oder das Akzeptieren und Verarbeiten – der Einsamkeit zu anderen Menschen machen kann, nämlich zu Menschen, die kraftvoller, stärker und mit mehr Mitgefühl im Leben stehen; denn dank dieser neuen Empfindsamkeit sind wir offener für das, was im Herzen der anderen vor sich geht – und diese Offenheit macht uns zu einem einfühlsamen Menschen.

## Hat Einsamkeit einen Sinn?

Zum Abschluss dieses Kapitels möchte ich einen Kommentar von Renée Zeylmans zitieren, der mir aus dem Herzen spricht. Sie schreibt: „Hat Einsamkeit einen Sinn? Ich kann hier rundheraus 'Ja' dazu sagen. Doch lassen wir kein Missverständnis über diese Aussage aufkommen! Es ist von Zeit zu Zeit erschreckend, manchmal nahezu unerträglich beängstigend. Dann kann ich nur noch verzweifelt um Hilfe flehen und mit Herz und Seele die geistige Welt anrufen: 'Christus, erbarme dich meiner.'"[38]

Nur dann, wenn wir dem unerträglichen Schmerz auf den Grund gegangen sind, den die Einsamkeit bei uns auslöst, können wir über den inneren Gewinn sprechen, den der Gang durch die Einsamkeit uns schenken kann. Dieser Gewinn ist folglich immer ein Geschenk, das auf Verzweiflung und Ohnmacht folgt.

# 9.

# Existenzialismus: Das Leben ist absurd und sinnlos

## Einsamkeit als Quelle des Glücks

In früheren Zeiten hatte der Mensch noch ein intuitives Gespür dafür, dass Einsamkeit einen tieferen Sinn haben kann. Schopenhauer, der bekannte deutsche Philosoph (1788 – 1860), bezeichnete Einsamkeit als das unvermeidliche Schicksal großer Geister. Außerdem behauptete er, dass das wichtigste Studium (er meint: die wichtigste Aufgabe) der Jugend darin bestehen müsse, zu lernen, die Einsamkeit zu ertragen, weil sie eine Quelle des Glücks und der Gemütsruhe sei.[39]

Es ist schon eine Aussage mit großer Tragweite, wenn man behauptet, dass *Einsamkeit eine Quelle des Glücks* ist. Dies zeigt, wie ganz anders man früher (und das ist noch gar nicht so lange her) über die Einsamkeit gedacht hat, und wie der Mensch intuitiv spürte, dass man daraus einen inneren geistigen Gewinn schöpfen konnte.

Thomas von Kempen, ein Mönch und Mystiker (1380 – 1471), wurde durch sein berühmtes Buch „Die Nachfolge Christi" bekannt.

Darin äußerte er folgende Bemerkung: „Jemand hat gesagt: So oft ich (aus Einsamkeit heraus) unter Menschen war, kehrte ich als schlechterer Mensch zurück."[40]

Mit dieser Aussage wollte er zum Ausdruck bringen, dass das Praktizieren von Stille, Meditation und Einsamkeit - und zwar, um in die Stille mit Gott zu gehen – den Menschen zu seinem tiefsten Wesenskern führt und ihn menschlicher macht. Die Unruhe, die der tägliche Umgang mit Menschen verursacht, zieht ihn jedoch von seinem eigentlichen Wesen gerade wieder weg. Dadurch verliert er sich selbst und büßt an Menschlichkeit ein. Dies ist ein Gedanke, der dem, was viele in unserer heutigen Zeit denken, widerspricht, um es vorsichtig auszudrücken.

Goethe (1749 - 1832), der oft als der größte Geist betrachtet wird, den die deutsche Kultur jemals hervorgebracht hat, schrieb: „Es bildet ein Talent sich in der Stille, sich ein Charakter in dem Strom der Welt." Das soll heißen: Es bedarf eines gewissen Maßes an Einsamkeit, um die Begabungen und Talente, die in einem Menschen schlummern, zu aktivieren und zur Entfaltung zu bringen. Unser Charakter hingegen wird vor allem durch die Schicksalsschläge im Leben selbst geformt: Beispielsweise durch Misserfolge, Rückschläge und Herausforderungen. Auch hier erkennen wir wieder, wie selbstverständlich es zu Zeiten Goethes noch war, über den Sinn und Zweck von Einsamkeit zu sprechen.

### Durch Prüfungen hindurch hin zur Erlösung

In längst vergangenen Zeiten waren es die Rosenkreuzer, die den Menschen mithilfe von Märchen höhere (oder esoterische) Erkenntnisse vermitteln wollten. Daher begegnen wir sowohl in Märchen, aber beispielsweise auch in Legenden, einer ganz typischen Symbolik – uralten Bildern und Archetypen. Es sind die Symbole, die die Rosenkreuzer zu ihrer damaligen Zeit benutzten, um dem Menschen den Sinn und Zweck seines Daseins und seines göttlichen Ursprungs bewusst zu machen.

Die Märchen sind übrigens nicht frei erfunden, sondern Ausdruck geistiger Wahrheiten, die durch die Märchenerzähler in einem Traum oder einer Art Trance in Bilderform gesehen und später in Worte gefasst wurden. Sie wurden von Barden, Balladensängern, Troubadouren und anderen Geschichtenerzählern in einer Zeit erzählt, als die Menschen noch nicht lesen und schreiben konnten.[41]

Glücklicherweise wurden sie in späteren Zeiten gesammelt und niedergeschrieben, so dass sie bis heute bewahrt wurden – in Deutschland beispielsweise durch die Gebrüder Grimm, in Norwegen von Jørgen Moe und in Russland von Alexander Afanasjev.[42]

Eines der häufig vorkommenden Symbole in Märchen ist der Forst oder der Wald: Die Hauptfigur des Märchens verirrt sich, ist mutterseelenallein und begegnet dort dunklen Wesen, die ihr Böses antun wollen. Der Wald ist, so gesehen, vor allem ein Ort – und folglich ein Symbol – von Einsamkeit und Gefahr. Er ist undurchdringlich und dunkel, man verläuft sich dort leicht, bedrohliche Wesen beobachten uns heimlich oder verkleiden sich und treten als verführerische Gestalten auf. Doch schon bald zeigen sie ihr wahres Gesicht: Sie wollen ihr Opfer auffressen, in einen Stein oder in eine hässliche Kröte verwandeln. Doch wenn wir clever sind und – mithilfe von treuen Wesen wie Wichteln und Tieren, die uns behände zu Hilfe eilen – den Zauber zu durchbrechen wissen, dann können wir unsere Entwicklung zur wahren Menschwerdung weiter fortsetzen.

In Märchen geht es nämlich genau um eines: Um die Menschwerdung. Aus diesem Grund wird uns in den Märchen immer wieder in anderen Bildern von einem Lebensweg erzählt, der uns durch Prüfungen und Eroberungen führt, uns letztendlich jedoch immer wieder zur Erlösung bringt. Auch in Märchen ist die Einsamkeit also nicht sinnlos, denn – so machen diese in Bildersprache deutlich – wenn wir ein bestimmtes Leiden oder einen Kummer durchleben, kann uns dies zu einem anderen, besseren Menschen machen. Man kann also aus der Einsamkeit und den Prüfungen des Lebens einen inneren Gewinn schöpfen und dadurch zu einem weiseren, liebevolleren Menschen werden.

## Die Chancen für Fehlschläge stehen gut

Natürlich sollten wir den Weg zur Erlösung nicht leichtfertig abtun, wie die Märchen uns zeigen. Es ist wirklich ein Weg auf des Messers Schneide. Es ist eine nahezu übermenschliche Aufgabe, und die Wahrscheinlichkeit, dass man in den Abgrund stürzt und die Erlösung nicht erlangt, ist übermächtig. Wir dürfen daher laut den Märchen niemals leichtfertig sagen, dass der Gang durch die Einsamkeit uns einen großen geistigen Gewinn bringen kann. Dies ist eine Aussage, die bei jedem, der diesen Weg kennt, ein gewisses Schaudern auslöst, weil es ein Weg ist, der uns wirklich den allerhöchsten Einsatz abverlangt – all unser Vertrauen, das wir nur aufbringen können, all unser Durchhaltevermögen, das wir besitzen, und alle Geisteskraft, die in uns steckt. Es ist gemäß den

Märchen möglich, einen inneren Gewinn aus der Einsamkeit zu schöpfen, doch sie machen in ihrer Bilderfülle zugleich auch deutlich, wie schwer dieser Weg ist und wie groß die Chancen stehen, dass dieser Versuch fehlschlägt.

## Der Verlust des Sinns des Lebens

In den letzten Jahrzehnten ist das Wissen darum, dass das Leben und auch das Leid des Menschen – und damit seine Einsamkeit – einen tieferen Sinn haben kann, in rasantem Tempo verloren gegangen. Die schweizerische Schriftstellerin Ágota Kristóf legt einer ihrer Romanfiguren folgende Worte in den Mund: „Ich sage ihm, dass das Leben völlig nutzlos ist, es ist sinnlos, ein Wahnsinn, Leiden ohne Ende."[43]

Bert Keizer schreibt „Leiden, das bedeutet Schmerzen ohne Hoffnung." An anderer Stelle sagt er: „Wir werden von Gläubigen gegeißelt, die wollen, dass das Leiden bis zum bitteren Ende durchlitten wird, weil das einen tieferen Sinn haben soll."

Die niederländische Schriftstellerin Karin Spaink hat über den Nutzen des Leidens eine entschiedene Meinung: „Es gibt keinen Nutzen. Krankheit trifft wahllos jeden, sie ist ein grausames Los. Wir können es nicht ertragen, dass Krankheiten gute Menschen befallen. Doch ein Virus hat keine Moral. So ist es eben nun einmal."[44]

Was sie hier sagt, gilt natürlich auch für andere schmerzhafte Lebenserfahrungen, wie etwa Einsamkeit. Daher hat ein anderer – unter Berücksichtigung der heutigen Entwicklungen – festgestellt:

„Wir leben in einer Gesellschaft, in der dem Leiden keinerlei Sinn zuerkannt wird. Es ist per definitionem sinnlos."[45]

Wenn man sich auch nur ein klein wenig herantastet, welche Vorstellung die Menschen heute in Bezug auf Leiden haben, stößt man fortwährend auf das Wort „sinnlos". So sagt der Schriftsteller Frank Bosman in einer Fernsehsendung: „Leiden ist sinnlos – immer."[46]

Werfen wir einen Blick zurück in die Geschichte, dann stellen wir fest, dass die Vorstellung, dass das Leben sinnlos und absurd ist, in der Tat mit dem Aufkommen des Existentialismus im 20. Jahrhundert ihren Durchbruch hatte. In dieser Strömung heißt es, dass „das Leben ein absurdes, sinnloses Dasein" ist. Bekannte Namen in dieser philosophischen Strömung sind: Albert Camus, Jean-Paul Sartre und Simone de Beauvoir. Camus erklärte: „Das Leben hat keinen Sinn, und die einzige philosophische Frage, die sich stellt, lautet: 'Soll man Selbstmord begehen oder nicht?'" – was er selbst übrigens nicht getan hat: Er starb bei einem Auto-Unfall. In der zweiten Hälfte des letzten Jahrhunderts begann der Existentialismus – und damit der Eindruck, dass das Leben sinnlos ist – immer mehr in die Alltagsstimmung einzudringen. Die oben angeführten Zitate – von Kristóf, Keizer, Spaink und Bosman – sind in der Tat eine Fortführung dessen, was durch den Existentialismus angestoßen wurde.

## Gegen den Strom

Es scheint, als würden Klostermitglieder, kleine kirchliche Gruppierungen und spirituell Denkende gegen den Strom um Respekt vor der Lebensauffassung bitten, dass sowohl das Leben als auch das Leiden im Leben – und somit auch die Einsamkeit – nicht sinnlos sind, sondern uns einen inneren, geistigen Gewinn bescheren können. Insbesondere Mönche und Nonnen haben in unseren Klöstern noch etwas von jenem alten Gedankengut bewahrt. Bruder Henry Vesseur, der als Mönch in der Abtei St. Willibrord in Doetinchem in den Niederlanden lebt, sagt: „Stille ist der Ort der Begegnung mit Gott."[47]

Daher sind Stille und Einsamkeit essenziell für ihn. Er erfährt die Einsamkeit, die er als Mönch durchlebt, nicht als sinnlos – ganz im Gegenteil.

Diese Einsamkeit kannte er übrigens als Kind schon. Er wusste: „Ich komme von Gott, und ich kehre zu ihm zurück." Damit stieß er bei seinen Eltern auf völliges Unverständnis. Ebenso in der Schule, die er besuchte: „Daher habe ich mich einsam gefühlt." Erst viel später durfte er erleben, dass sich der Glaube seiner Eltern, durch allerlei Schicksalsschläge bedingt, zu vertiefen begann und sie mehr Verständnis für die Entscheidungen und den Lebensweg ihres Sohnes entwickelten. Bruder Vesseur sagte darüber: „Das Opfer, das ich mit meiner Einsamkeit erbracht habe, ist nicht vergebens gewesen." Auch als Klosterbruder sucht er vor allem die Stille und die Einsamkeit. Er erklärte: „Stille bedeutet, nichts zu tun, auch nichts zu denken. Man muss sie nicht mit Ideen und Projektionen auffüllen. Wir müssen leer werden, so dass Gott uns erfüllen kann. Das Ego macht Platz für Gott." Dennoch ist es keine passive Stille, die er sucht und ausübt. Im Gegenteil: „Empfänglichkeit ist die höchste Form der Aktivität." Was Bruder Vesseur sagt, erscheint mir typisch für die Art und Weise zu sein, wie Klostermitglieder mit Einsamkeit umgehen und darin einen tiefen Sinn erfahren.

Auch eine (kleine) Schar kirchlicher Gruppierungen hält in unserer heutigen Zeit gegen den Strom an der Vorstellung fest, dass unser Leben einen Sinn hat und auch das Leid im Leben nicht sinnlos ist. Sie berufen sich dabei auf die Bibel und das, was die Kirchenväter (und auch eine Reihe von Mystikerinnen wie etwa Hildegard von Bingen) uns über die Jahrhunderte hinweg überliefert haben. Sie versuchen folglich, die Erkenntnisse aus der Vergangenheit zu bewahren und weiterzugeben.

In spirituellen Kreisen spricht man über Karma und Reinkarnation: Wir alle sind schon viel öfter auf der Erde gewesen und werden noch etliche Male hierher zurückkehren. Alle diese Leben sind dazu bestimmt, uns als Mensch so lange zu entwickeln, bis wir in ferner, ferner Zukunft ein Ebenbild Jesu Christi geworden sind. Die unterschiedlichen Erfahrungen, die wir in diesen Leben machen, sind die Lebenslektionen, die wir brauchen, um geistig wachsen zu können und uns weiter zu entwickeln. Dies ist aber natürlich eine Erkenntnis, die man einem anderen Menschen niemals als Dogma auferlegen darf – die Zeiten der Dogmen sind für immer vorbei – sondern eine Erkenntnis, die jeder Mensch für sich selbst entdecken kann, und zwar über den Weg nach innen und den Einweihungsweg. Mehr darüber erfahren Sie im nächsten Kapitel.

## Fazit

Zusammenfassend kann man sagen, dass die Menschheit früher in der Vorstellung lebte, dass unser Leid - und somit auch unser Leiden unter der Einsamkeit - nicht sinnlos ist, sondern uns einen geistigen Gewinn schenken kann, wenn wir zumindest bereit sind, das Leid durchzustehen und durch den Schmerz und die Ohnmacht hindurch zu einem anderen, geistig reicheren Menschen zu werden.

Der Existenzialismus, der im vorigen Jahrhundert aufkam, führte dazu, dass immer mehr Menschen dazu übergingen, das Leiden als sinnlos anzusehen. Sie konnten nicht mehr glauben, was die anderen (die Kirche, die Dogmen und andere Obrigkeiten) ihnen darüber erzählten.

Infolge dieser Entwicklung finden wir in unserer heutigen Zeit drei Reaktionen auf das Leiden:

- Die Erste besteht darin, das menschliche Leid (und damit folglich auch das Leiden unter der Einsamkeit) als sinnlos abzustempeln.
- Die zweite Reaktion ist der Versuch, trotz allem - ganz entgegen dem Zeitgeist - am Sinn des Leidens festzuhalten, so, wie es in der Vergangenheit von der Kirche und der Theologie gelehrt wurde.
- Die dritte Reaktion ist der Aufruf, den Weg nach innen zu gehen, das Leben als einen Einweihungsweg aufzufassen und auf diesem Weg in Kontakt mit einem tieferen Wissen

zu gelangen, das in uns selbst steckt. Mit diesem Wissen wird in der Folge *durch die eigene Erfahrung* langsam deutlich, dass das Leiden sehr wohl zu einem geistigen Wachstum führen und somit einen inneren Gewinn bringen kann. So kann der Mensch aufgrund eigener Erfahrung zu der Erkenntnis kommen, dass unser Leiden nicht sinnlos ist.

Diese drei Reaktionen lesen wir auch am Thema Einsamkeit ab:

- Einerseits die Auffassung, dass Einsamkeit sinnlos ist und möglichst intensiv bekämpft werden muss.

- Dann der krampfhafte Versuch, in der Tradition der Vergangenheit an der Vorstellung festzuhalten, dass unsere Einsamkeit einen tieferen Sinn hat.

- Und drittens die Einstellung, dass der Gang durch die Einsamkeit uns zu einem geistig bereicherteren Menschen machen kann. Diese Erkenntnis ist jedoch kein Dogma, sondern entspringt persönlicher Erfahrung.

Wenn wir selbst eine Phase der Einsamkeit durchleben oder mit dem Verlust eines geliebten Menschen konfrontiert werden, der uns einsam zurücklässt, ist es wichtig, uns bewusst zu machen, welche dieser drei Reaktionen zu uns passt; denn diese Erkenntnis ist ausschlaggebend dafür, auf welche Art und Weise wir mit der Einsamkeit in unserem Leben umgehen werden.

# 10.

# Nicht das Denken, sondern die Bewusstwerdung steht im Mittelpunkt

## Todesursache Nummer eins

Im Jahr 2019 erschien ein Buch über die Einsamkeit, das das öffentliche Interesse erregt hat. Der Autor, Manfred Spitzer, ist einer der bedeutendsten Neurologen in Deutschland. In seinem Buch schlägt er laut Alarm und sagt, dass einsame Menschen öfter krank werden, im Durchschnitt früher Krebs und/oder Herz- und Kreislauferkrankungen bekommen, öfter unter Depressionen leiden und schneller in Demenz verfallen. Aufgrund seiner Forschungen bezeichnet er die Einsamkeit als eines der vordringlichsten Probleme in der westlichen Welt.[48] Zudem zeigt er auf, dass die Einsamkeit inzwischen zur Todesursache Nummer Eins geworden ist.[49]

In einem Interview mit der Tageszeitung „Trouw" („Treue") wurde ihm die Frage gestellt: „Wie können wir Kindern und Jugendlichen aus ihrer Einsamkeit heraushelfen?" Spitzer antwortete: „Ich denke, dass wir die Kinder zu einem gewissen Grad gegen die Einsamkeit im späteren Alter ‘impfen’ können. Und zwar, indem wir ihnen Dinge beibringen, die Spaß machen, wenn man sie gemeinsam tut. Ein Kind, das gelernt hat, Violine zu spielen, weiß: In einem Orchester klingt das noch viel schöner als allein. Dies kann dann später, in einsamen Lebensphasen, den Zugang zu einem sozialen Netz öffnen."

Spitzer fügt dann eine Aussage an, die mir persönlich aus dem Herzen spricht: „Die wichtigsten Schulfächer sind meiner Meinung nach Sport, Musik, Theater und Gemeinschaftsprojekte. Miteinander Dinge tun. Das ist so wichtig. Doch das sind leider oft genau die 'schwachen' Fächer. Nun, da wir wissen, dass Einsamkeit die Todesursache Nummer Eins ist, müssen wir sie natürlich ganz anders bewerten."[50]

Kann es sein, dass wir das Bildungssystem für Kinder anders gestalten müssen, um sie gegen die Einsamkeit zu wappnen, die epidemieartig immer mehr Menschen befallen wird?

*Der Sendungsauftrag lautet: Bewusstseinsentwicklung*

Es ist spannend, dass Spitzer, aus einer ganz anderen Richtung kommend, zu den gleichen Erkenntnissen kommt, die in der spirituellen oder esoterischen Tradition schon viel länger bekannt sind. Freie Schulen legen beispielsweise – im Rahmen der begrenzten Möglichkeiten, die das Kultusministerium ihnen zugesteht – besonderes Augenmerk auf die persönliche Entwicklung und weniger auf den Erwerb rationalen Wissens. Hinter dieser Entscheidung steckt ein klarer Blick auf unsere heutige Zeit und das, was heute vom Menschen gefordert wird. Im siebten Kapitel habe ich bereits erklärt, dass wir nun in der post-atlantischen Kulturperiode leben, in welcher der Mensch seine Bewusstseinsseele entwickeln muss.

Diese Periode – die 2160 Jahre lang andauern wird – begann im Jahr 1413 nach Christus und nimmt jetzt, nach rund 600 Jahren, gerade richtig Fahrt auf. Überall sehen wir, dass der Mensch mehr Interesse an seiner eigenen inneren Welt entwickelt – ein Prozess, der ihn übrigens auch egozentrischer macht. Die heutige, fünfte Kulturepoche wird bis zum Jahr 3573 andauern. Das bedeutet, dass wir sicherlich noch eines oder mehrere Leben erhalten, um unser Bewusstsein (bzw. unsere Bewusstseinsseele) immer höher zu entwickeln. (Dabei gehe ich von der Auffassung aus, dass der Mensch gemäß der esoterisch-christlichen Tradition im Durchschnitt alle Tausend Jahre einmal inkarniert, doch natürlich gibt es viele Ausnahmen von dieser Regel.)

Unserer eigenen inneren Welt, unserer Emotionen und der Botschaften bewusst zu werden, die unsere Emotionen uns mitteilen, uns der Innenwelt der anderen bewusst zu werden und verstehen zu lernen, warum dieser Mensch anders ist, sowie dafür Respekt zu entwickeln – dies sind also die Aufgaben, vor die der Mensch von heute gestellt wird. Doch das ist noch nicht alles, denn wenn wir erst mit unserer inneren Welt vertraut sind – was viel Zeit, Geduld und Tiefblick erfordert – können wir mit einer größeren Kraft in Berührung kommen, die in uns innerlich spürbar wird. Wie ich im vorangegangenen Kapitel festgestellt habe, ist das die Kraft des (höheren) *Ge*wissens.

Diese Erfahrung ist für jeden, der sie macht, eine ganz besondere Entdeckung; denn wer einmal mit dieser stillen, so besonderen Kraft in Kontakt kommt, die in unserer Seele lebt, wird erleben dürfen, wie diese Kraft uns mit einer höheren Welt in Verbindung bringt, die für unser Denken unzugänglich ist: Die Welt des Geistes oder die geistige Welt. Daher ist die Entwicklung unseres Bewusstseins so wichtig: Sie bringt uns mit der Welt des Geistes in Verbindung.

## Ein anderes Bildungssystem

In der vorangegangenen Kulturepoche – in der vierten Epoche, die 747 vor Christus begann und bis 1413 nach Christus dauerte – hatte der Mensch die Aufgabe, seinen Verstand, sein Denken auf eine höhere Ebene zu heben. Was nun sogleich ins Auge sticht, wenn wir über diese beiden Kulturepochen (nämlich die vierte und fünfte) und die so grundverschiedenen Aufgaben, die der Mensch darin zu verwirklichen hatte, nachdenken, ist die offensichtliche Tatsache, dass wir in der heutigen Zeit immer noch so leben, als müssten wir unser Denken entwickeln – und nicht unser Bewusstsein. Das ist deshalb so schockierend, weil dieses Unverständnis (dieser Mangel an Wissen, wie man es auch nennen mag) tiefe Einsamkeit verursacht; denn immer, wenn ein Mensch die Aufgabe, die er auf Erden erfüllen soll, nicht erfüllt und andere Wege geht, löst dies tiefe Einsamkeit aus. Das gilt im Kleinen wie im Großen. Wenn ich vor der Geburt zum Auftrag bekommen habe, mich in andere Kulturen zu vertiefen, stattdessen jedoch so lebe, als sei allein die Kultur, in der ich geboren bin, sinnvoll und richtig, und ich daher andere Kulturen ablehne und verurteile, wird mich diese Lebenseinstellung sehr einsam machen. Wenn ich meiner Lebensaufgabe nämlich nicht nachkomme, sondern diese ignoriere, wird mit der Zeit ein sehr intensives Gefühl von Einsamkeit in meiner Seele entstehen. Man könnte dieses Ignorieren der eigenen Lebensaufgabe sogar als Sünde bezeichnen – Sünde bedeutet nämlich das Verfehlen der eigenen Lebensbestimmung – und zwar als eine Sünde, die uns einsam macht.

Wenn wir in der heutigen Zeit also immer noch unseren ganzen Fokus auf das Denken anstelle auf unsere Bewusstseinsentwicklung legen, wird uns eine immer tiefere Einsamkeit befallen und unsere Gesellschaft prägen – und genau das läuft gerade ab!

An sich können wir es an allem ablesen, dass die Zeit der Bewusstseinsseele angebrochen ist. Man denke an die Tatsache, dass Menschen in ihre Kraft gehen und auf ihre eigenen Impulse hören anstelle auf die der anderen. Man denke auch an die Tatsache, dass wir anderen nicht mehr auf Kommando Glauben schenken können und daher nicht mehr glauben, was andere uns als logisch vorgeben. Immer mehr wenden wir uns automatisch nach innen, um dort zu erfahren, was wir denn nun eigentlich selbst denken. Diese Umgewichtung der Autorität von außen hin zum eigenen Inneren ist typisch für die Epoche der Bewusstseinsseele.

Die Tatsache, dass künftig auch das Bildungssystem im Zeichen der Entfaltung des Bewusstseins stehen muss, ergibt sich meiner Meinung nach klar aus meinen bisherigen Ausführungen. Das bedeutet folglich, dass wir ein Bildungssystem brauchen, das den Jugendlichen Hilfe im Umgang mit dem eigenen Inneren bietet, also bei Fragen wie: „Wie soll ich mit meinen Emotionen umgehen? Was sagen diese Emotionen eigentlich über mich selbst und den anderen aus? Wie kann ich geistig wachsen und was muss ich dafür tun oder lassen?" Wir haben bereits weiter oben festgestellt, dass für die Entwicklung der Bewusstseinsseele Kreativität ganz wichtig ist. Das bedeutet, dass junge Menschen auch Impulse brauchen, die ihre Kreativität anregen und zur Entfaltung bringen.

Die Feststellung, dass sich heutzutage insbesondere immer mehr Jugendliche einsam fühlen, ist so betrachtet auf die Tatsache zurückzuführen, dass wir ihnen noch immer alles Mögliche an Wissen aufdrängen (obwohl sie im Internet wahrhaftig all das Wissen finden können, das sie brauchen), anstelle ihnen zu helfen, ihre eigene Seele oder ihr eigenes Innenleben zu entwickeln.

## Einsamkeit als Impuls, um sich selbst zu finden und man selbst zu werden

Wir haben in den vorangegangenen Kapiteln erfahren, dass in England eine Ministerin gegen die Einsamkeit eingestellt und in den Niederlanden einmal im Jahr eine „Woche gegen die Einsamkeit" eingerichtet wurde. Auch auf lokaler Ebene sehen wir, dass hier und dort Beamte eingestellt werden, die gegen die zunehmende Vereinsamung etwas unternehmen sollen. Dafür entwerfen sie diverse Programme. Ausgangspunkt ist dabei die Tatsache, dass Wissenschaftler festgestellt haben, dass ein Zusammenhang zwischen der Einsamkeit, die jemand erlebt, und der Anzahl der sozialen Beziehungen, die dieser Mensch hat, besteht. Also werden Programme entworfen, die zum Ziel haben, die Anzahl der sozialen Beziehungen zu erhöhen. „Je mehr soziale Beziehungen, desto weniger Einsamkeit", ist dabei die Devise.

Es zeigt sich leider jedoch, dass die Resultate dieser Programme äußerst mager ausfallen und nicht sehr erfolgreich sind. Wie kommt das? Ton Jorna und Willem Voois haben ein Buch geschrieben: „Onmetelijke eenzamheid" („Unermessliche Einsamkeit"). Darin erklären sie, warum die heutigen Programme so wenig erfolgreich sind.[51]

Das kommt, so sagen sie, daher, weil es bei einsamen Menschen häufig nicht so sehr um eine sozial bedingte Einsamkeit (also einen

Mangel an Beziehungen) geht, sondern vielmehr um eine „unermessliche Einsamkeit", wie sie diese bezeichnen, um eine Einsamkeit, die nicht durch einen Mangel an Beziehungen ausgelöst wird, sondern dem inneren Selbst entspringt (und daher nicht messbar ist). Diese Einsamkeit in der Seele des Menschen sehen sie als einen Impuls, um auf die Suche nach Antworten auf Lebensfragen zu gehen, von welchen unsere Seele leben kann. Unsere Einsamkeit ist also in Wirklichkeit ein Phänomen unserer Seele (Jorna und Voois sprechen auch von einer „existenziellen Einsamkeit"), und muss nicht in erster Linie aufgelöst, sondern vielmehr durchlaufen werden. Nur dann wird der Mensch nämlich eine Antwort auf die Fragen finden können, die in ihm leben. Die unermessliche Einsamkeit hat folglich weniger etwas mit einem Mangel an sozialen Kontakten zu tun, sondern ist vielmehr „ein Katalysator für die eigene Selbstwerdung und Selbstfindung". Es dürfte deutlich geworden sein, dass Programme, die auf soziale Einsamkeit abgestellt sind, in diesem Fall nicht greifen und vielleicht sogar kontraproduktiv wirken: Die unermessliche Einsamkeit muss nämlich nicht aufgelöst, sondern durchlebt werden.

## Der einzig sinnvolle Ausweg

Menschen, die an einer existenziellen Einsamkeit leiden, benötigen keine vorgefertigten Programme und Antworten. Sie brauchen jemanden, der ihnen zuhört und bei der Suche nach den eigenen Antworten hilft. Antworten, die oft ganz anders ausfallen als die Antworten, die du oder ich gefunden haben. Daher sagen Jorna und Voois, dass diese individuell auf den einsamen Menschen zurecht geschnittene Herangehensweise in krassem Widerspruch zum aktuellen Trend des Gruppenkonzeptes steht.

Sie bezeichnen diesen individuellen Lösungsansatz als „spirituelles Konzept", das auf das Innenleben des einsamen Menschen ausgerichtet ist – ein Konzept, das ihnen auf dem Weg zur Selbstwerdung und Selbstfindung hilft. Nur so kann der einsame Mensch seine Einsamkeit überwinden und zu dem Menschen werden, der er in seinem tiefsten Inneren ist. Haben wir nicht bereits festgestellt, dass Einsamkeit meist dadurch verursacht wird, dass wir uns noch immer vorrangig rational entwickeln, anstelle uns auf die Suche nach Erkenntnis und Bewusstwerdung zu begeben?

Auch diese Tatsache weist uns auf die Notwendigkeit hin zu lernen, unser Leben heute als einen Weg des geistigen Wachstums zu betrachten – und folglich als einen Einweihungsweg. Die zunehmende Epidemie der Einsamkeit setzt uns gewissermaßen unter Druck und führt uns auf diesem Entwicklungsweg als einzig sinnvollen Ausweg aus den zunehmenden Gefühlen von Sinnlosigkeit, Einsamkeit und geistiger Leere heraus.

## Der moderne Einweihungsweg

Die bekannte Schriftstellerin Karen Armstrong führt in ihrem Buch „De Wenteltrap" („Die Wendeltreppe") ein herrliches Beispiel für die unermessliche Einsamkeit an: „Wenn wir um drei Uhr nachts aufwachen und uns Dinge fragen wie: 'Warum muss ausgerechnet mir das jetzt passieren? Warum habe ich nicht, was X hat? Warum mag mich keiner und warum bekomme ich so wenig Wertschätzung?' – und es gibt immer noch genügend Momente, da auch ich mir diese Art von Fragen stelle – dann zeigt sich, dass das Ego der Kern all unseres Kummers ist. Wenn es Ihnen gelingt, für einige Augenblicke aus der Situation herauszugehen, fühlen Sie sich wieder größer und besser."[52]

Es dürfte also klar geworden sein, dass die nächtliche Einsamkeit, die Armstrong hier beschreibt, nicht durch mehr soziale Kontakte beseitigt wird. Sie kann diese nur erträglich machen, indem sie mit der Zeit Antworten auf ihre Fragen findet, die ihr inneren Frieden und Ruhe verschaffen. Solche Antworten kann ein Mensch nur finden, wenn er ein besinnliches Leben führt, zunehmend mehr Selbsterkenntnis gewinnt und das höhere, tiefgründigere Wissen in sich selbst aufspürt. Wenn er also den modernen Einweihungsweg beschreitet.[53]

# 11.

## Was kann man gegen Einsamkeit tun?

Der Sänger, Schriftsteller und Komponist Robert Long hat einmal folgenden Liedtext geschrieben:

> *Eigentlich ist jeder so einsam wie nur was.*
> *Auch wenn du hast eine Liebste, 'nen Hund und 'ne Katz'*
> *Und Freunde und Nachbarn von hier und von da.*
> *Eigentlich ist jeder so einsam, so einsam.*
> *Eigentlich ist jeder so einsam wie nur was.*

Robert Long beschreibt mit diesem Text perfekt unsere Situation in der heutigen Zeit. Künstler können mit ihrer Intuition ja haarscharf erspüren, was gerade auf uns zukommt – in diesem Fall die Einsamkeitsepidemie. Natürlich gibt es etliche Menschen, die nicht wahrhaben wollen, dass wir uns bereits inmitten einer Epidemie befinden, doch das hat – so denke ich dann eben – manchmal auch etwas mit der Tatsache zu tun, dass sie ihre eigenen Gefühle von Einsamkeit (unbewusst) verdrängen.

Wenn man über die heutigen Entwicklungen nachdenkt, drängt sich den meisten von uns unwillkürlich sogleich die Frage auf: „Gibt es auch einen Ausweg aus dieser zunehmenden Vereinsamung?" „Gibt es auch einen Weg, den wir im Voraus entdecken können, um unsere Einsamkeit zu überwinden?" Diesen Weg gibt es gewiss, doch er fordert unseren ganzen Einsatz; denn auf diesem Weg werden wir dazu aufgefordert, (mittels Studien und Meditation) vier Erkenntnisse zu erwerben und danach zu leben. Doch welche Erkenntnisse sind das, und wie eignen wir uns diese an? Es sind:

- Einblick in den Menschen (in seine Seele) erwerben
- Sich der Existenz der geistigen Welt bewusst werden
- Sich selbst und anderen Freiheit einräumen
- Eine neue Art von Verbundenheit mit anderen Menschen aufbauen

### *1. Einblick in den Menschen (in seine Seele) erwerben*

Um die erste Erkenntnis zu verdeutlichen, muss ich zunächst nochmals die Tatsache in Erinnerung rufen, dass wir in einer Zeit leben, in der wir uns eine neue Fähigkeit aneignen müssen, nämlich die Fähigkeit der Bewusstwerdung. Das ist zwar einerseits eine notwendige Entwicklung, doch diese neue Fähigkeit macht uns andererseits auch egoistischer und bewirkt, dass wir viel mehr als früher auf uns selbst fixiert sind, anstelle unseren Blick auf den anderen zu richten. Es dürfte deutlich geworden sein, dass uns dieser zunehmende Egoismus – der in den kommenden Jahrhunderten nur noch stärker werden wird – einsam macht. Wir vermissen nämlich immer öfter das aufrichtige Interesse des anderen an dem, was in unserer Seele und in unserem Herzen vor sich geht. Umgekehrt haben wir jedoch ebenfalls weniger Interesse am anderen, weil unsere eigene Innenwelt, unsere Ängste oder Enttäuschungen uns so viel Aufmerksamkeit abverlangen und uns manchmal sogar Tag und Nacht beschäftigen.

In früheren Zeiten, als wir noch nicht so sehr mit uns beschäftigt waren – weil wir damals noch nicht unsere Bewusstseinsseele entwickeln mussten – konnten wir viel leichter Interesse am anderen aufbringen – das ging damals fast noch automatisch. Doch nun gelingt uns dies nicht mehr, weil wir so viel Aufmerksamkeit für die vielen, oft so subtilen Regungen in unserer eigenen Seele aufwenden müssen. Daher müssen wir es uns in der heutigen Zeit – und dies gewiss auch mit Geduld und Beharrlichkeit – antrainieren, Verständnis dafür zu entwickeln, was sich in der Seele des anderen regt. Es ist nämlich auch eine wichtige Aufgabe bei der Entwicklung unseres Bewusstseins, dass wir nicht nur Selbsterkenntnis erlangen, sondern auch Verständnis für das Herz und die Seele des anderen. Doch wie entwickelt man solch ein Verständnis?

Dieses Verständnis wird möglich, indem wir *Sozialkompetenz entwickeln* beziehungsweise *praktisches Wissen in Menschenkunde erwerben.* Das bedeutet konkret, dass wir Kenntnisse über die Seele des Menschen, die vier verschiedenen Menschentypen und ihre Temperamente sowie die Psychologie erwerben. Nur wenn wir solches Wissen erlangen, entwickeln wir Verständnis für den anderen, auch wenn dieser ganz anders ist als wir selbst sind, anders denkt und einen anderen Glauben hat als wir. Nur so werden wir tolerant und sozial kompetent.

*Die vier Temperamente*
Man kann die Menschheit in vier verschiedene Typen einteilen oder vier verschiedene Arten der Wahrnehmung und des Verhaltens unterscheiden. Der griechische Arzt Hippokrates (460 - 375 v. Chr.) sprach in diesem Zusammenhang erstmals von den vier Temperamenten.[54]

Anders formuliert: Wenn man lernt, die Menschen intensiv zu beobachten, wie sie auf das Leben und aufeinander reagieren, wenn man darauf achtet, ob sie offen oder verschlossen, extrovertiert oder umgekehrt introvertiert sind, verträumt oder im Gegenteil aktiv sind, dann entdeckt man allmählich, dass man die Menschen in vier verschiedene Gruppen einteilen kann, wobei jeder Menschentyp ein anderes Temperament an den Tag legt.

Im Rahmen dieses Buches kann ich die vier Temperamente lediglich andeuten. Doch jeder, der sich Wissen in praktischer Menschenkunde aneignen möchte, wird sich in diese Thematik vertiefen müssen – ohne Wissen und Kenntnisse werden wir den anderen niemals wirklich verstehen. Außerdem wäre es gut, wenn diese Art von Wissen, ebenso wie andere psychologische Erkenntnisse auch, einen festen Platz im Lehrplan insbesondere der Sekundarstufe erhalten würden: Wenn junge Menschen in dieser Phase etwas für ihr Leben brauchen, dann sind es Erkenntnisse wie diese!

Die vier Temperamente – gestehen Sie mir bitte zu, dass ich sie hier viel zu vereinfacht zusammenfasse – sind folgende:

1. *Der Sanguiniker:* Dieser ist extrovertiert, reagiert sofort auf alles und kann schnell das Thema wechseln.

2. *Der Phlegmatiker:* Dieser Mensch ärgert sich nicht so leicht und reagiert auch nicht so schnell auf jeden Trigger. Er ist kraftvoll, verträumt und tritt nicht gern in den Vordergrund.

3. *Der Melancholiker:* Dieser Menschentyp ist eher ein Grübler und am liebsten allein. Darüber hinaus ist er tiefsinnig und außerdem auch eine Stütze für andere.

4. *Der Choleriker:* Er ist sehr zuverlässig und engagiert. Typisch ist auch seine Begeisterungsfähigkeit. Außerdem hat er einen starken Charakter und ist pflichtbewusst.

Wenn Sie sich auf dem Gebiet dieser vier Temperamente Wissen erwerben, verhilft Ihnen dies sowohl zur Selbsterkenntnis (welches Temperament habe ich selbst?), als auch dabei zu verstehen, warum die Menschen in Ihrem Umfeld (beispielsweise Ihr Partner) so anders sind. Anstatt sich darüber zu ärgern, sind Sie nun imstande, Verständnis und Respekt dafür zu entwickeln. Lesen Sie ein Buch zu diesem Thema und eignen Sie sich dieses Wissen an! Nur durch Wissen wie dieses können wir in der heutigen Zeit Verständnis füreinander entwickeln – eine wichtige Waffe gegen Einsamkeit![55]

Rudolf Steiner hat einmal eine Aussage von Jesus Christus zitiert und dabei ein klein wenig verändert, um zu zeigen, wie wichtig es ist, sich darin zu üben, echtes Verständnis für den anderen zu entwickeln: „Was ihr verstanden habt von dem geringsten meiner Brüder, das habt ihr von mir begriffen."[56]

### *2. Sich der Existenz der geistigen Welt bewusst werden*

Weiter oben habe ich ausgeführt, dass die Entwicklung unserer Bewusstseinsseele nötig ist, weil nur dadurch unser Höheres Selbst (oder der Geist, unser Höheres Ich oder wie man diese Kraft auch immer nennen mag) in uns geboren werden kann. Unser Bewusstsein bildet nämlich das Fundament für unser Höheres Selbst. Es ist jedoch in der Tat so, dass überall, wo der Mensch beginnt, sein Bewusstsein zu entwickeln, schon etwas von der Einwirkung durch unser Höheres Selbst spürbar wird – diese beiden sind nämlich eng miteinander verbunden.

Das bedeutet, dass es uns, wenn wir unser Bewusstsein entwickeln und das Höhere Selbst ein klein wenig in und an uns zu wirken beginnt, bereits direkt ein großes Geschenk bringt. Wir dürfen die geistige Welt als Realität erfahren, das heißt, wir beginnen, von innen heraus zu erfahren, wie diese Welt sich in unserem Inneren offenbart, wie (in unserem Inneren) Botschaften aus dieser Welt kommen, wie geliebte Verstorbene beginnen, sich bemerkbar zu machen und wie eine höhere Licht- und Liebeskraft spürbar wird. Durch diese Entwicklung ist die geistige Welt nicht mehr nur ein Begriff, den andere uns präsentieren, sondern sie wird für uns immer mehr zur Realität. Was ich hier gerade mit wenigen Worten beschrieben habe, ist meist ein Prozess, der jahrelang dauert und sich ganz allmählich vollzieht.

Ich möchte gern zwei Beispiele dafür anführen, was diese Entwicklung im Leben der Menschen bedeutet. Ein 80-jähriger Mann, der einige Monate zuvor seine Frau verloren hatte, sagte: „Wenn ich nicht spüren und wissen würde, dass sie nun in der geistigen Welt weiterlebt und von dort aus für mich sorgt – auf eine ganz andere Weise als früher – und dass sie auch jetzt noch engagiert bleibt, würde ich meinem Leben ein Ende setzen. Aber weil ich weiß, dass unsere Liebe nicht zu Ende ist, sondern eine neue Form angenommen hat, kann ich weitermachen. Ich muss nur noch lernen, mich auf diese neue Form einzustellen. Doch was freue ich mich darauf, sie wiederzusehen, sobald ich selbst durch das Tor des Todes schreite und sie mich dort, an der Grenze zwischen Leben und Tod, erwartet!“

Wir wissen, dass unter den Menschen ab fünfundsiebzig aufwärts die Einsamkeit oft groß ist. Sie bilden eine *Risikogruppe*, wie man dies gerne bezeichnet. Doch aus dem, was dieser alte Mann erzählt, wird deutlich, dass sie mit der Einsamkeit umgehen können, wenn sie – wenn auch noch so bruchstückhaft – ihre Bewusstseinsseele entwickelt und dadurch eine Verbindung zur geistigen Welt erhalten haben. Daher konnte eine ältere Frau, die ihren Mann verloren hatte, zu mir sagen: „Ich fühlte mich zwar einsam, doch zugleich spürte ich auch, wie ich täglich in einen Mantel von Liebe eingehüllt werde, der mir aus der geistigen Welt herübergereicht wird. Und wer das erfahren darf, ist niemals wirklich allein.”

So sehen wir, wie wir, wenn wir unsere Lebensaufgabe erfüllen und unser Bewusstsein entwickeln, mit der geistigen Welt in Verbindung treten können. Die Realität dieser Welt (die sich in unserem Inneren offenbart) bildet ein starkes Gegengewicht zur Einsamkeit, insbesondere bei älteren/alten Menschen, die plötzlich allein dastehen.

### *3. Freiheit ist unabdingbar*

Weil wir in der heutigen Zeit die Aufgabe haben, den Weg nach innen zu gehen, um uns auf diese Weise unserer eigenen Persönlichkeit bewusst zu werden, ist es unumgänglich, dass andere uns dabei die Freiheit lassen und uns nicht von außen alle möglichen Regeln, Dogmen und Vorschriften auferlegen. Dadurch werden wir wieder nach außen gezogen und von unserer Aufgabe abgelenkt, unsere Innenwelt zu entdecken und zu lernen, mit allem umzugehen, was wir darin antreffen. Wir brauchen die Freiheit auch, um auf dem Weg nach innen alle möglichen Fehler zu machen, genau wie ein Kind, das Laufen lernt, indem es immer wieder hinfällt und aufsteht.

Die Entwicklung unseres Bewusstseins ist nur möglich, wenn andere uns Freiraum schenken. Nicht umsonst spielt sich in unserer Zeit rund um das Thema Freiheit ein solch heftiger Kampf ab: Bewegungen wie die IS und Al Quaida wollen dem Menschen eben gerade keine Freiheit gewähren, sondern ihm von oben auferlegen, was er zu denken und zu glauben hat. Immer wieder können wir das im Rückblick an der menschlichen Entwicklung ablesen: Wird ein bestimmter Schritt nach vorn getan – in diesem Fall der Schritt nach innen und daher in die Freiheit – kommt eine Gegenbewegung auf, die diesen Schritt verhindern will.

Für uns persönlich bedeutet dies, dass wir auch in unseren Beziehungen lernen müssen, einander Freiheit einzuräumen und uns gegenseitig zu gönnen, dass der eine in manchen Fällen eine andere Wahl trifft als der andere. Das gilt für Ehen, Freundschaften, Kollegenkreisen oder Sportvereine. Einander Freiheit zugestehen – das ist keine leichte Aufgabe. Wir brauchen nämlich durchaus eine gesunde Portion Selbstwertgefühl, um dem anderen seine Freiheit lassen zu können und nicht zu fordern, dass er dieselben Entscheidungen trifft wie wir selbst. Und genau an diesem Selbstwertgefühl mangelt es noch bei ganz vielen Menschen.

Natürlich bringt diese Entwicklung eine gewisse Einsamkeit mit sich: Wir durchbrechen das übliche Gruppendenken und damit oft auch die Bande in Beziehungen. Doch wir durchbrechen beispielsweise auch das Denken nach dem Motto: „Gemeinsam gegen den Rest der Welt." Stattdessen entscheiden wir uns dafür, ein individueller Mensch zu werden. Ein solcher Schritt – weg von der Gruppe hin zum Individuum – bringt immer Einsamkeit (und Probleme in Beziehungen) mit sich. Wenn wir jedoch verstehen, warum dieser Schritt dennoch nötig ist, hilft uns diese Erkenntnis, die Einsamkeit anzunehmen und auf eine andere, neue Art und Weise die Verbundenheit mit unseren Nächsten zu suchen.

### *4. Lernen, uns auf eine neue Art und Weise mit anderen zu verbinden*

Doch wie können wir uns, wenn diese alte Verbindung in Beziehungen einmal gekappt ist und wir immer mehr zum Individuum werden, auf eine neue Art und Weise miteinander verbinden? Und wie muss diese neue Art von Verbindung dann aussehen? Die Grundlage für diese neue Verbundenheit muss Gleichstellung sein. Folglich müssen wir aus dieser Gleichstellung lernen, in Liebe aus einem gemeinsamen Ideal (oder Impuls) heraus miteinander ins Tun überzugehen und zusammenzuarbeiten. Es geht folglich, zusammenfassend gesagt, um eine Zusammenarbeit Schulter an Schulter an einem Ideal, das man miteinander teilt, beispielsweise das Engagement für das esoterische Christentum, das Ideal, Armut zu bekämpfen oder Neuzuwanderern in unserem Land die niederländische Sprache beizubringen.

Wenn es uns gelingt, wirklich Schulter an Schulter im Dienste eines höheren Ideals zusammenzuarbeiten - und das ist bestimmt keine geringe Aufgabe - wird etwas ganz Neues möglich –, dass nämlich Engel in solche Gruppen herabsteigen, um dort durch individuelle Menschen inspirierend zu wirken. Die liebevolle Zusammenarbeit - und folglich die geistige Verbundenheit der Gruppenmitglieder untereinander - bildet für die Engel den Kanal.

Auf den Punkt gebracht, stellt sich folgende Frage: „Mit welchen Menschen haben Sie sich in diesem Leben verbunden, um zusammen mit ihnen ein gemeinsames Ideal zu verwirklichen?" Bedenken Sie dabei, dass die Menschen, mit welchen Sie das gemeinsam tun, Ihre geistigen Brüder und Schwestern sind. Die geistige Liebe, die Sie miteinander verbindet, ermöglicht es, dass Engel herabsteigen, um Ihre gemeinsame Arbeit zu inspirieren, anzuregen und möglich zu machen. [57]

Es ist in unserer heutigen Zeit, da die verschiedensten Bande zerreißen und Verbindungen auseinanderbrechen (man denke nur an die engste und erweiterte Familie, aber auch an Institutionen wie Kirchen und Gewerkschaften), von entscheidender Bedeutung zu lernen, uns auf eine neue Art und Weise, als freie Individuen, die vom gleichen Ideal beseelt sind, miteinander zu verbinden. Dieser konstruktive Aufbau ist die Aufgabe von heute.

# 12.

## Einige Denkanstöße

Von verschiedenen Seiten und in verschiedenen Büchern bekommt man Tipps, die Menschen helfen können, die akut eine tiefe Einsamkeit durchmachen. Ich möchte daher zum Abschluss dieses Buches einige solcher Tipps geben.

1. Karen Armstrong sagte über die intensive Einsamkeit, die sie jahrelang während einer anhaltenden Krise erlebt hat: „Ich kann nur nach vorn gehen, so schwer dies auch sein mag."[58]

Nur nach vorn gehen, während man sich zutiefst einsam fühlt. Das bedeutet ganz einfach: Von einem Tag auf den anderen zu leben. Dieser eine Tag an sich ist schon mehr als genug – mehr kann man nicht schaffen. Jeden Tag für sich zu leben und die Zukunft offen zu lassen. Jeder Tag hat genügend eigene Finsternis und Verlassenheit.

Viele Menschen, die eine Krise durchmachen, die mit heftiger Einsamkeit einhergeht, kennen das: Man kann nur von einem Tag auf den anderen leben. Fordern Sie daher von sich selbst auch nicht mehr als das! Der Gang durch die Finsternis der Einsamkeit ist ein Prozess, bei dem man keinen einzigen Tag auslassen kann. Aber leben Sie im Augenblick: Heute ist heute und morgen werden Sie sehen, was dieser Tag Ihnen bringen wird.

*Lebensweg*

*Viele Wege kennt das Leben,*
*doch von all diesen Wegen gibt es einen,*
*den du zu gehen hast.*

*Dieser eine Weg ist für dich. Dieser eine nur.*
*Und ob du willst oder nicht – diesen Weg hast du zu gehen.*

*Die Frage ist also nicht: „Welchen Weg?",*
*denn diesen hast du bereits gewählt.*
*Die Frage ist, wie du diesen Weg gehst.*

*Mit Unwillen um die Schlaglöcher und Steine herum,*
*mit Widerstand, weil die Sonne einen Weg,*
*der durch Schluchten führt,*
*fast nicht erreichen kann.*

*Oder aber mit dem Willen, am Ende dieses Weges*
*milder zu sein und weiser als am Anfang.*

*Den Weg hast du schon gewählt – bist du bereit,*
*ihn zu gehen?*[59]

2. Ganz viele Tipps funktionieren einfach nicht: „Du brauchst dich doch nur ehrenamtlich zu engagieren, dann fühlst du dich nicht so allein." Bei einer unermesslichen Einsamkeit, die tief aus dem Innersten kommt, wirkt das jedenfalls nicht (möglicherweise bei sozialer Vereinsamung, doch diese kommt viel seltener vor als die unermessliche Einsamkeit). Daher können solche Ratschläge, so gut sie auch gemeint sind, als Beleidigung empfunden werden. Man zeigt damit, dass man nicht versteht, was der andere durchmacht. Will man dem anderen, der eine tiefe Einsamkeit durchlebt, wirklich helfen, dann braucht man Weisheit und eine gute Portion Einfühlungsvermögen.[60]

3. Wenn man sich einsam fühlt, ist es sinnvoll, regelmäßig hinaus in die Natur zu gehen – auch wenn man dabei allein ist. In der Natur spürt man – meist unbewusst – ein Gefühl von Verbundenheit mit etwas Größerem. Das ist sogar experimentell bewiesen.

Das Empfinden dieser Verbundenheit nimmt der Einsamkeit etwas von ihrer Schärfe.
Studien belegen außerdem, dass uns die Verbundenheit mit der Natur weniger egozentrisch macht.[61]

Auch nimmt unsere Kreativität zu, wenn wir regelmäßig in die Natur hinausziehen.[62]

4. Anderen Menschen zu helfen oder ihnen etwas zu geben – auch das reduziert das Gefühl von Einsamkeit. Spitzer schreibt: „Geld macht einsam, aber Geld an andere weiterzugeben, steigert das eigene Wohlbefinden."[63]

In der Apostelgeschichte in der Bibel erinnert uns Lukas an folgende Worte von Jesus Christus: „Geben ist seliger denn Nehmen!"[64]

Wer sich in der Kunst übt, anderen beizustehen und zu helfen, ist weniger einsam.

5. Es kann auch hilfreich sein, sich auf die Suche nach neuen Erkenntnissen zu machen. Stellen Sie sich beispielsweise die Frage: „Kann es sein, dass diese Einsamkeit mir etwas sagen möchte?" Für Menschen, die immer schon im Leben über sich selbst reflektiert haben, ist dies leichter als für Menschen, die sich bislang noch nie daran gewagt haben. Außerdem ist das Ergründen und Verstehen der eigenen Einsamkeit ganz schwierig, wenn diese noch ganz heftig ist: Alles in uns sträubt sich dann gegen den Gedanken, dass diese Einsamkeit, die uns so unvermittelt und plötzlich überfällt, einen tieferen Sinn haben könnte.

Und dennoch: Ich persönlich kann nur sagen, dass ich, seitdem ich gelernt habe, Erfahrungen, die mir auf meinem Lebensweg begegnet sind – auch und insbesondere die düsteren Erfahrungen – zu ergründen und zu verstehen, viel leichter damit umgehen kann. Erkenntnis und Verständnis, das merke ich immer wieder, schenken innere Ruhe und Frieden – und dadurch neue Lebenskraft.

6. Menschen, die unter sozialer Einsamkeit leiden, kann soziale Unterstützung helfen, ebenso kann ein Training in Sozialkompetenz für sie sinnvoll sein. So mag es für solche Menschen auch Sinn machen, tanzen zu gehen oder zu musizieren, vielleicht auch in einem Chor zu singen. Derartige

Aktivitäten bringen meist neue Kontaktmöglichkeiten mit sich.

Doch vergessen Sie nicht, dass hinter einer sozialen Einsamkeit oft auch eine unermessliche innere Einsamkeit verborgen ist, die damit nicht behoben wird.

7. Für manche Menschen, die einen anstrengenden Tag oder eine stressige Phase hinter sich haben, kann es sinnvoll sein, kurz diese Stille und Einsamkeit zu suchen, um sich wieder aufzuladen. Das zeigt schon, dass Einsamkeit nicht per definitionem schlecht oder falsch ist! Einsamkeit hat auch heilende Eigenschaften: Sie ist imstande, die Seele genesen zu lassen:

*Allein. Stille, die dich umhüllt. Du kannst versuchen,*
*dem zu entrinnen, indem du dich in deine Arbeit stürzt.*
*Es hilft niemals wirklich, denn es ist nur ein Fristaufschub.*
*Die Stille will gehört werden – und erhört.*

*Denn nur dann wirst du entdecken, dass die Stille*
*spricht. Zu dir. Und dann, wenn du endlich beginnst, ihre*
*Sprache zu verstehen, enthüllt sich in deiner Seele*
*ein höheres, tieferes Wissen. Ein Wissen, größer*
*als alles, wozu das Denken imstande ist,*
*ein Wissen, das Aussicht bietet auf eine Welt,*
*die größer ist als die irdische Wirklichkeit.*

# Anmerkungen

1 Danielle Steel, *Op het eerste gezicht* ("Auf den ersten Blick"), Verlag Luitingh-Sijthoff 2014, S. 74

2 Renée Zeylmans, *Kan eenzaamheid zinvol zijn?* ("Kann Einsamkeit sinnvoll sein?"), Verlag Cichorei 2013, S. 10

3 A.a.O., S. 11

4 Clark E. Moustakas, *Eenzaamheid* ("Einsamkeit"), Verlag Ambo 1976, S. 8

5 www.nu.nl Ausgabe 26/2018. Der Artikel erschien am Vorabend der "Woche gegen die Einsamkeit".

6 "Algemeen Dagblad" ("Allgemeines Tagblatt") vom 19. Januar 2018

7 Die Geschichte von den zehn Plagen in Ägypten steht im zweiten Buch Mose 7-12

8 "Volkskrant " ("Volkszeitung") vom 21. November 2013

9 "Volkskrant" ("Volkszeitung") vom 21. November 2013

10 Siehe www.gezondheidsnet.nl

11 https://nlexpress.scopexaec.com/eenzaamheid-wordt-de-dodelijkste-epidemie-in-onze-maatschappij/

12 Siehe www.eenzaam.nl

13 https://www.eenzaam.nl/verhalen/57-babette-van-veen-over-eenzaamheid

14 Mathias Wais hat viele Biographiekurse gehalten und ein tiefes Wissen erarbeitet, was den menschlichen Lebenslauf betrifft. Er schrieb darüber unter anderem folgende Werke: *Biografische Verkenningen* ("Biographische Streifzüge"), Verlag Christofoor 1995, und: *Individu en levenslijn, de rode draad in de levensloop*

("Das Ich findet sich, wenn es sich loslässt: Über den roten Faden im Leben"), Verlag Christofoor 1996

15 Flensburger Hefte Nr. 75, IV/2001, *Einsamkeit, Wege des Ich,* S. 38. In diesem Artikel führt Wolfgang Weihrauch ein Interview mit Mathias Wais.

16 www.proud2bme.nl

17 Der Originaltitel dieses Liedes lautet: *Lied der Mignon – Nur wer die Sehnsucht kennt.*

18 Diese Beispiele finden sich unter www.eenzaamheid.nl

19 Flensburger Hefte Nr. 75, IV/2001, *Einsamkeit, Wege des Ich,* S. 51. In diesem Artikel führt Wolfgang Weihrauch ein Interview mit Mathias Wais.

20 www.binnenlandsbestuur.nl/sociaal/nieuws/netwerk-hulpbehoevenden-wordt-overschat.9602575 lynk

21 www.cbs.nl/nl-nl/nieuws/2016/38/meer-mannen-dan-vrouwen-voelen-zich-eenzaam

22 https://www.nrc.nl/nieuws/2016/05/14/hulpverlener-heeft-zelf-ook-hulp-nodig-2318241-a387639

23 Hans Stolp, *Kijken met de ogen van het hart, Verzamelde Gedichten* ("Mit den Augen aus dem Herzen sehen, Gesammelte Gedichte"), Verlag Ten Have 2004, S. 34

24 Evangelium des Matthäus 26, 36-40

25 A.a.O. 26, 46

26 Wenn es in der Bibel auffällige Ungereimtheiten gibt, handelt es sich um die Verhüllung eines großen Geheimnisses. Dieses musste gut verschleiert werden, weil die Menschen nicht imstande waren, solche Geheimnisse zu erfassen. Erst in unserer Zeit kann endlich öffentlich darüber gesprochen werden.

27 Siehe hierzu beispielsweise Hans Stolp, *Jezus van Nazareth, Esoterisch Bijbellezen ("Jesus von Nazareth, Esoterische Bibellektüre"),* Verlag Ankh-Hermes 1998, S. 156f. und: Joh.

Pameijer, *Waarheid achter woorden, verborgen bijbelse wijsheid ("Die Wahrheit hinter den Worten – verstecktes biblisches Wissen"),* Verlag Paracelsus 1993, S. 114. Siehe beispielsweise auch: http://www.theosofie.net/onlineliteratuur/techr/geschiedenis/kruis.html

28 Siehe www.bedmanieren.nl/seksuele-klachten/2017/postcoitale-dysforie/

29 Nähere Ausführungen zu diesem Prozess siehe: Hans Stolp, *Wat gebeurt er als je doodgaat?* ("Was passiert nach dem Tod?") Verlag AnkhHermes, 7. Auflage 2017

30 Natürlich trifft diese Beschreibung nicht auf alle Kinder zu, die geboren werden. Es gibt auch Kinder, die nicht aus der höheren geistigen Welt (die "Devachan" genannt wird) kommen, sondern aus der niederen Astralwelt, die der Erde viel ähnlicher oder sogar noch dunkler ist.

31 www.fammebaby.nl/postnatale-eenzaamheid/

32 Andere sagen, dass der endgültige Untergang von Atlantis um 10.000 v. Chr. stattfand – etwas später also. Siehe u.a. Mario Schoenmaker, *Occulte wereldgeschiedenis in een notedop* ("Okkulte Weltgeschichte in einer Enzyklopädie"), Verlag AnkhHermes, Deventer 1991. Insbesondere Rudolf Steiner hat viel über Atlantis und dessen Untergang berichtet. Siehe beispielsweise Rudolf Steiner, *Het Johannes-Evangelie* ("Das Johannes-Evangelium"), Verlag Freies Geistesleben, 2. Auflage 1976, Achter Vortrag. Siehe beispielsweise auch: Edgar Evans Cayce, *Edgar Cayce over Atlantis* ("Edgar Cayce über Atlantis"), Verlag De Ster 1985

33 Erstes Buch Mose 6-9

34 Clark E. Moustakas, *Eenzaamheid* ("Einsamkeit"), Verlag Ambo 1976, S. 63

35 https://devrijemare.nl/wp-content/uploads/2015/06/Eenzaamheid-hoe-eenzaamheid-tot-vervulling-leidt.pdf.

36 Hans Stolp, *Ga tot voorbij* ("Mach' weiter, bis du darüber hinweg bist"), Verlag Kok 1997, S. 10
37 Tagblatt "Trouw" vom 20. November 2018
38 Renée Zeylmans, *Kan eenzaamheid zinvol zijn?* ("Kann Einsamkeit sinnvoll sein?"), Verlag Cichorei 2013, S. 64
39 Rolf Lützebäck, in: Flensburger Hefte Nr. 75, IV/2001, *Einsamkeit, Wege des Ich,* S. 64
40 Thomas von Kempen, *De navolging van Christus* ("Die Nachfolge Christi"), Verlag Ambo, 12. Auflage 1973, S. 41
41 Rudolf Steiner, *Die Mission der neuen Geistesoffenbarung,* Rudolf Steiner Verlag 1989, S. 207
42 Bert Voorhoeve, *Beelden als inspiratiebron* ("Bilder als Quelle der Inspiration"), Verlag Christofoor 1988, S. 84
43 Ágota Kristóf, *De derde leugen* ("Die dritte Lüge"), Verlag Van Gennip 2001, S. 456
44 In der "Volkskrant" ("Volkszeitung") vom 23. August 2008
45 www.puntuit.nl/bijbel/dinsdag-de-zin-van-het-lijden
46 In der TV-Sendung "Schepper & Co", siehe: https://www.youtube.com/watch?v=wGe8bbC0D-k
47 www.denieuwekoers.nl/mijn-eenzaamheid-was-niet-voor-niets
48 Manfred Spitzer, *Eenzaamheid, de impact van sociaal isolement* ("Einsamkeit – die unerkannte Krankheit"), Verlag Atlas Contact 2019
49 Spitzer gibt dem siebten Kapitel sogar die Überschrift: "Todesursache Nummer Eins", siehe S. 152
50 Tagblatt "Trouw" vom 20. November 2018. Das Interview erstreckt sich über zwei Seiten und trägt die Überschrift: "Doppelt so tödlich wie Alkohol: Einsamkeit"
51 Ton Jorna und Willem Voois, *Onmetelijke eenzaamheid* ("Unermessliche Einsamkeit"), Verlag Eburon 2014
52 Karen Armstrong, *De wenteltrap* ("Die Wendeltreppe"), Verlag De Bezige Bij 2005, S. 369

53 Eine Beschreibung dieses Weges befindet sich in meinem Buch: *De moderne inwijdingsweg* ("Der moderne Einweihungsweg"), Verlag De Heraut 2016

54 Heinrich Eltz, *De vier temperamenten* ("Die vier Temperamente"), Verlag Freies Geistesleben 1993, S. 11

55 Siehe beispielsweise: Rudolf Steiner, *Raadsels van het menselijke temperament* ("Das Geheimnis der menschlichen Temperamente"), Verlag Christofoor 2011, und: H. Eltz, *De vier temperamenten* ("Die vier Temperamente"), Verlag Christofoor 2001, sowie: Reinholt Ruthe und Lydia Münzberger, *Temperamenten* ("Temperamente"), Verlag Kok 2007. Siehe auch das Buch von Paul Wormer, Lili Chavannes, Ate Koopmans, *Kijk op Karma, Lotselementen in de levensloop* ("Blick aufs Karma – Schicksalselemente im Lebenslauf "), Verlag Freies Geistesleben 2002, und da insbesondere Exkurs 1, *Vier Temperamenten* ("Vier Temperamente"), S. 164

56 Siehe Harrie Salman, *De sociale impuls als weg naar een nieuwe antroposofie* ("Der soziale Impuls als Weg in eine neue Anthroposophie"), Verlag Nearchus 1992, S. 70. Der Originalbibeltext steht bei Matthäus 25, 40

57 Harrie Salman, *De sociale impuls als weg naar een nieuwe antroposofie* ("Der soziale Impuls als Weg in eine neue Anthroposophie"), Verlag Nearchus 1992, S. 69f

58 Karen Armstrong, *De wenteltrap. Mijn weg uit de duisternis* ("Die Wendeltreppe – Mein Weg aus der Finsternis"), Verlag De Bezige Bij 2005, S. 98

59 Dieses Gedicht stammt aus meinem Buch: *Wat mijn hart je zeggen wil, Verzamelde Gedichten* ("Was mein Herz dir sagen will, Gesammelte Gedichte"), Verlag AnkhHermes 2016, S. 90

60 Tagblatt "Trouw" vom 20. November 2018. Das Interview erstreckt sich über zwei Seiten und trägt die Überschrift: "Doppelt so tödlich wie Alkohol: Einsamkeit"

61 Manfred Spitzer, *Eenzaamheid, de impact van sociaal isolement* ("Einsamkeit – die unerkannte Krankheit"), Verlag Atlas Contact 2019, S. 223

62 A.a.O, S. 210

63 A.a.O, S. 224

64 Apostelgeschichte 20, 35

# Hans Stolp

Die ersten drei Tage im Jenseits
*Was die Seele unmittelbar nach*
*dem Ablegen des Körpers durchlebt*
Als Pfarrer und Sterbebegleiter hat der Autor an unzähligen Sterbebetten gesessen und den Menschen bei ihrem Übergang in eine höhere Welt geholfen.
Zum ersten Mal schildert er in diesem Werk seine tiefsten Eindrücke über das Geschehen in den heiligen Momente des Freiwerdens von aller Erdenschwere. Ein
einzigartiger „Reisebegleiter" für jene, die abreisen, und für diejenigen, die zurückbleiben müssen!
978-3-89427-657-7, 160 S.,

**Die Sterbestunde**
*Bewusstes Abschiednehmen*
Die „Sterbestunde" ist eine heilige Stunde, die es achtsam und behutsam zu verbringen gilt. Es gibt Unerledigtes aufzuarbeiten, Streit zu beenden oder Verzeihung
zu gewähren. Hans Stolp beschreibt in allen Einzelheiten, wie diese Prozesse so heilsam und harmonisch wie möglich verlaufen können.
978-3-89427-624-9, HC, 160 S.,

**Bleib, mein goldener Vogel**
**Ein sterbendes Kind erzählt**

Hans Stolp hat in seinem Leben als Pfarrer viele Sterbende begleitet, darunter auch – und das waren stets besonders schwere Stunden – viele sterbende Kinder. In diesen existenziellen Erfahrungen des Menschlichen verschwimmen manchmal die Grenzen zwischen den Welten – und der Himmel kommt der irdischen Welt ganz nahe.
Aus einem dieser kostbaren Augenblicke heraus wurde die Erzählung des „Goldenen Vogels" geboren. Sie gibt ein Erleben wieder, als „hätte der Himmel die Erde still geküsst". Es ist eine Geschichte voller Mitgefühl, stiller Traurigkeit, banger Hoffnung und dankbarer Erlöstheit. Ein auf wundersame Weise anrührendes Buch, das man mit wundem Herzen und dennoch mit einem glücklichen Lächeln auf den Lippen aus den Händen legen wird!
ISBN: 978-3-86191-012-1

Demenz
Wenn sich die Seele zurückzieht

Hans Stolp widmet sich dem Umgang mit Demenz aus einer spirituellen Sicht, in der die Ganzheit von Körper, Seele und Geist beachtet wird. Auch wenn sich die Geistseele zwischenzeitlich aus ihrer körperlichen Hülle entfernt hat, bleibt das Individuum bis zum letzten Atemzug anwesend. Das seelische Wesen erlebt bewusst alles mit, was sich um seine irdische Hülle herum abspielt. Dieser Erkenntnis kommt für den Umgang mit der Demenz eine ganz entscheidende Rolle zu. War man bisher weitgehend davon ausgegangen, dass in den späten Stadien einer Demenz keinerlei Kontakt mit der betroffenen Person mehr aufrechterhalten werden kann, so zeigt Hans Stolp auf, dass auf einer inneren Ebene eine ununterbrochene Verbindung besteht.
ISBN: 978-3-89427-700-0

Hans Stolp
ORGAN
SPENDE
Übertragen Organe Bewusstsein?
Crotona